ステップファミリー

子どもから見た離婚・再婚

野沢慎司　菊地真理

角川新書

はじめに

「ステップファミリー」という言葉を知っていますか？

二〇一八年三月、東京都目黒《めぐろ》区で、当時五歳の女児、船戸《ふなと》結愛《ゆあ》ちゃんが亡くなった事件は、私たちに衝撃を与えました。結愛ちゃんが綴《つづ》った反省文の中の「もうおねがい　ゆるして」という言葉を記憶している人は、今でも数多くいるのではないでしょうか。

この事件は、ステップファミリーで起きました。ステップファミリーとは、親の再婚などによって継親子《けいおやこ》関係が生じた家族です。テレビや新聞では、虐待したのは結愛ちゃんの「父親」と報道されることが多かったのですが、正確に言えば「継父《けいふ》」でした。血縁の親子ではない継父と継子《けいし》のあいだで起こった虐待事件でした。

二〇一二年三月に香川県に生まれた結愛ちゃんは、両親の離婚後、同居する母親の再婚を経て、二〇一八年一月に東京都目黒区に転居して、母、継父、母の再婚後に継父との間に生まれた弟（当時一歳）と四人で暮らしていました。そして、転居後四十日足らずの三月に命を失いました。結愛ちゃんの食事を制限し、衰弱後も医師にみせず、敗血症で死なせたとして、継父と母親が保護責任者遺棄致死罪で起訴されました。

また、結愛ちゃんは、継父に命じられて毎朝四時に起床し、ひらがなの練習をさせられたと報じられました。そのノートには、「もうパパとママにいわれなくてもしっかりとじぶんからきょうよりかもっともっとあしたはできるようにするから もうおねがい ゆるしてゆるしてください おねがいします」などと書かれていたと報道されて、社会的に大きな注目を浴びました。その裁判で、継父は懲役十三年、母親は懲役八年の判決が確定しています。

二〇一九年秋に開かれた裁判で被告の継父は、「親になろうとしてごめんなさい」と泣きながら謝罪したと報道されています。私たちはこの言葉に注目しました。継親《けいしん》（継父や継母《けいぼ》）は継子の「親」になろうとしてはいけないのでしょうか。彼のこの言葉の背後には、いったい何があるのでしょうか。事件に対する社会の関心の高さに比べて、この言葉の意味は掘り下げられていません（第一章でその意味を考えます）。

いま日本で子どもたちが育つ環境は大きく変化しています。六十五〜五十年ほど前の高度経済成長期に比べると、親の離婚を経験する子どもたちの数は格段に増えました。二〇一八年の一年間にその数は二十一万人に上っています。一九六〇年と比べると約三倍に増えました（第二章で歴史的変化を詳しく解説します）。

このような子どもたちの親が再婚すると「ステップファミリー」ができます。現代の日本においてステップファミリーは珍しい家族ではなくなっているのです。

海外に目を向ければ、ステップファミリーは、よくある家族のかたちとして社会に定着しています。たとえば、再婚したチャールズ皇太子とその子どもたちを含む英国王室は、世界的に有名な例です。次期大統領候補ジョー・バイデン、ドナルド・トランプ、バラク・オバマなど、歴代の米国大統領の多くは、自分の再婚や親の再婚でステップファミリーを経験しています。日本でも子どもを持つ有名人の再婚のニュースは日常茶飯事で、枚挙に暇《いとま》がありません。そして私たち自身も、ステップファミリーを直接の当事者として、あるいはその家族・親族や友人として、身近に経験する機会はごく普通に存在しています。

けれども、ステップファミリーとはどのような点で他の家族と異なるのかと問われると、ほとんどの人は答えに窮するのではないでしょうか。「血縁のない親子関係」のある家族だけれども、それ以外の点では「ほかの家族とあまり違いがない」と考える人も多いのではないでしょうか。そして、「血縁がなくても、愛情さえあれば、親子のようになれる」

はずだから、ほかの家族と違うと考えるのは差別的だと言いたくなるかもしれません。

家族が多様化している現代では、「ひとり親家庭」同様にステップファミリーも差別されてはいけない、ふつうの家族と同様の家族をわざわざ「ステップファミリー」と呼ぶ必要もない、という声も聞こえてきそうです。

実は、著者である私たちも、ステップファミリー研究を開始した当初には、これに近い考え方をしていました。しかし、ステップファミリーの多様な当事者へのインタビューを行って、データを長年にわたって集める中で、このような考え方にこそ危険な「落とし穴」が潜んでいることに気づくようになりました。

しかし、その危険に多くの人は気づきません。なぜなのでしょう。誤解を怖れずに言えば、家族が多様化したと言われる現代であるにもかかわらず、固定的な離婚・再婚観が今でも支配的な力を持っているからです。それを大多数の人が疑いなく自然に受け入れています。

具体的に言えば、まず親が離婚したら両親のどちらかが子どもを引き取り、子どもは「ひとり親家庭」に暮らすことになると一般に理解されています。「ひとり親家庭」という用語は、離婚後の家族に関する学術・行政・司法・報道の世界で、誰も違和感を抱かないほど自然に流通しています。つまり、離婚後はもう一方の親の存在はほとんど考えなくてよいことになっています。

その「ひとり親」が別の相手と結婚したら子どもの「新しいお父さん／お母さん」ができたと考えます。家庭が「ひとり親」から「ふたり親」に戻り、まるで「ふつうの家族」のようになったとみなすのです。このような離婚・再婚観は、今なお「常識」として存続しているというのが私たちの現状認識です。

現代日本の大多数の人は、親が離婚した後に子どもが親の一人との関係を失うことを重大な問題だとは考えていません（少なくとも自分自身の問題になるまでは）。ひとり親が再婚した相手が子どもの（新しい）親となることにも強い疑義を唱える人がほとんどいません。少なくとも最近までは、研究者の間でさえ、この点が広く議論されることがありませんでした。

本書では、このように常識化した離婚・再婚家族における親子関係のあり方が、歴史的にどこから来て、現在どのような（見えにくい）問題を生み出しており、今後どのように変わっていくべきかを論じます。

これまでに私たちが行ってきた二十年にわたる調査研究では、多くの継親や実親の方々、子どもの立場の若者たちにお会いしました。そして、みずからのステップファミリー体験における不思議な（ときに過酷な）出来事について語っていただきました。継父や継母が「新しい親」として「新しい家庭」を作り上げようと努力しているだけなのに、いつの間にか子どもたちが（そして親も継親も）どんどん苦しい状況に追い込まれるのです。結愛ちゃん事件のような深刻な事態には至らなかったとしても、子ども（あるいは親や継親）の心身の健康が大きく損なわれたり、修復困難なほど家族関係が損なわれたりして、学校生活などに適応できなくなる例がいくつもありました。

ここから、「親になろうとしてごめんなさい」という結愛ちゃん事件の裁判における継父の謝罪は、きわめて象徴的な言葉であることがわかります。

彼は、「常識」に逆らって「親」にならない方法もあったことに気づいたかのようです。実際、私たちがインタビューした中には、継親があえて「親になろう」としなかった事例が複数ありました。そのような場合、子どもたちは苦痛を感じるどころか、継親との関係から大きな恩恵を受けていたのです。

ステップファミリーは、ふつうの「ふたり親家庭」を作るという常識にとらわれずに柔軟な家族形成を目指すことで、独自の恩恵を子どもたちにもたらすことができます。他の家族にはない、この家族ならではの強みを手に入れることができるのです。結愛ちゃんの継父の謝罪の言葉は、私たちの研究結果と響き合っています。

親や継親が、手遅れの謝罪のはるか手前の段階で、別のやり方に気づくこと（そしてそれを支援すること）は、ステップファミリーの子どもの健やかな育ちにとって決定的に重要です。逆に、無意識のうちに上記の「常識」に従って（ときに感情的に）離婚・再婚を親が進めてしまうと、子どもの利益や福祉が損なわれるリスクが高まります。日本の既存の制度（法律や行政の支援サービス）も、親のひとりを子どもの育ちから切り離し、継親がそれに代わって「親」として努力する方向へと後押ししてしまうのです。

ステップファミリーになる当事者だけでなく、家族や子どもを支援する立場にある社会福祉・司法・医療・保健・保育・教育の現場の専門職の方々の多くも、長らくこの「常識」に無批判に従ってきました。こうした支援は、ステップファミリーの大人や子どもをますます苦しい場所へと追い込む結果になりかねないと気づかずにいるのが現状です。

本書の構成は、次の通りです。

第一章では、最近の児童虐待事件に焦点をあてて、従来の「ふたり親→ひとり親→ふたり親」路線に乗ったステップファミリーがなぜ、どのようにして悲劇的な結末に至ったのかを再検討します。第二章では、日本の離婚・再婚が歴史的にユニークな変化を経験し、その過程でどのような制度が作られて現在に至っているのかを解説します。海外の状況との大きな差にも注目し、ガラパゴス化とさえ言えそうな日本の現状を確認します。

第三章では、私たちの研究の成果を紹介しながら、「ふたり親家庭」を再建しようとした従来型のステップファミリーに見られるパターンを紹介します。上記の「常識」がもたらす落とし穴（あるいは罠《わな》）とは何かを具体的に見ていきます。第四章は、同じく私たちの調査結果などから、これまでの離婚・再婚観を乗り越えた新しいタイプのステップファミリーの事例を紹介します。この二つの章で描かれるステップファミリーは実に対照的です。

第五章では、それまでの議論に基づいて、離婚・再婚と子どもをめぐる日本社会のしくみを総点検します。欧米だけでなく、アジアのいくつかの国と比較しても、子どもたちを置き去りにしない社会のしくみ作りが立ち後れている日本の現状を理解します。それは、日本に住む誰にとっても重要だからです。

現代は、いつ、誰がステップファミリーの一員になっても不思議ではない時代です。離婚や再婚がこれだけ増えている社会の中で、初婚の相手と生涯を添い遂げられるかわかりません。好きになった相手がシングルマザーやシングルファーザーということもありえます。

あなた自身がそうなるかもしれないし、あなたの親や子ども、きょうだいや友だちがそうなるかもしれません。仕事やボランティア活動で関わる人たちの家族にも、ステップファミリーが少なからず含まれています。その意味で、ステップファミリーはとても身近な存在です。そこで起こった虐待事件は他人事《ひとごと》ではありません。

だからこそ、「ふたり親→ひとり親→ふたり親」という「常識」にそった路線にとらわれない見方で、ステップファミリーを理解することが必要です。従来の離婚・再婚家族観の中にある落とし穴を避け、新しい家族のかたちを目指す知恵と勇気を手に入れさえすれば、子どもや大人たちの人生を豊かにできるのがステップファミリーです。

本書は、誰もが出会うステップファミリーに新しい光をあて、その難しさの理由を明らかにし、ポジティブな面に目を向けるために書かれました。ページをめくり、現代の家族の多様な姿をとらえるための新しい視点を手に入れていただけたら嬉《うれ》しいです。

目次

はじめに　3

第一章　家族の悲劇をどう読むか――虐待事件の背景にある離婚・再婚　19

児童虐待事件とステップファミリー　20
「親になろうとしてごめんなさい」――「ふつうの家族」という落とし穴？　21
結愛ちゃんの誕生とその後――恋愛・結婚・出産・育児・離婚　23
ステップファミリーの誕生　26
憧れの家族に向かう列車の暴走？　28
ステップファミリーの現実を見ようとしない社会　33
問題は血縁の有無ではない――千葉県野田市の事件との比較　38
二つの事件から学ぶべきこと　43

第二章　離婚・再婚の変化と「ふつうの家族」　45

親の離婚・再婚を経験する子どもの増加　46
近代以前の日本は離婚・再婚に寛容な社会　50
離婚・再婚を否定する価値観の台頭　53
高度経済成長期と「ふつうの家族」　57
カップル関係の現代的変容――選択の自由／離脱の自由　62
離婚後に親子関係はどうなるのか――単独親権者は父から母へと変化　65
親権喪失した親と子の関係は大多数が消失　68
ステップファミリーという名称の必要性とその定義　73
夫婦の絆と親子の絆　76
子どもが親を失わない権利――国連「子どもの権利条約」　79
古い常識が新しい常識を覆い隠して改革できない日本　84

第三章　「ふたり親家庭」を再建する罠　89

「新しいお父さん」「新しいお母さん」になるという落とし穴　90
親の離婚・再婚を経験した子どもたちの声　92

継親を親として受容できるか　92
実父の写真を探しているところを見つかり……　96
継父は「スポンサー」　100
継親が「すぐキレ」て激しい暴力　103
継父も実父も「お父さん」とは言えない……　106
お母さんに「守ってほしかった……」　112
継母たちが抱えているストレス　115
「お母さん」として認められたい　116
「ほかのお母さん、もっとやってます」　120
大人たちの願望としての「ふたり親家庭」　123

第四章　世帯を超えるネットワーク家族へ　129

世帯を超えるネットワークとしての家族　130
「おじさん」は、母の夫で、私にとっては相談相手　133
「コバヤシくん」は、ふつうの家にいないおもしろい存在　135

実母が「お母さん」で、継母は責任をもって面倒をみる「保護者」 138
一緒に住んだことはないけど、実父は「頼りになるお父さん」 142
「親」とは違う「継親」の役割を創出する 145
離婚した両親が子どもの「家族」であり続ける海外の事例 148
実継母が「リーダー」となって家族のつながりを広げる 153
夫は「ふつうの家族」になりたかった 155
夫の子どもたちの本心 157
二組の親子で生活空間を分ける 160
「チームのリーダー」みたいになってきた 163
同居親と継親の果たすべき役割 164
第五章　ステップファミリーの未来へ――どのような支援と制度が必要か 169
対立する二つのタイプのステップファミリー 170
「非現実的な期待」を抱きやすい親と継親 172
離婚・再婚は子どもをダメにする？ 176

父母との関係継続が子どもたちを支える　178
世界は子ども中心の関係継続ネットワークを目指す　180
世帯を超えるネットワーク家族の可能性　183
当事者と家族の専門家に知ってほしいこと　186
大人の願望から「子ども最優先」へ——単独親権の強制を止める　194
協議離婚と継親子養子縁組の改革　198
ステップファミリーのノーマライゼーション——多様な家族の限界を超えて　201
おわりに　209
■ステップファミリーを知るためのガイド　215

第一章　家族の悲劇をどう読むか

——虐待事件の背景にある離婚・再婚

児童虐待事件とステップファミリー

子どもが死に至るような痛ましい児童虐待事件が、各種メディアで繰り返し大きく取り上げられています。「親」はしつけのためだったと主張することが多いのですが、どうして自分の子どもにそのようなひどい行為ができるのか、まったく理解できないというのが多くの人の反応ではないでしょうか。

加害者である「親」の異常さや凶悪さがさまざまな報道のなかでも強調されます。その加害者である「親」は、裁判で重い量刑とともに有罪の判決を言い渡されています。さらに厳罰をという声も聞こえてきます。

一方、児童虐待に対応すべき公的機関である児童相談所や警察は、こうした事件が起こるたびにその対応が社会的な批判の的になります。凶悪な「親」からもっとしっかりと子どもを守る社会的なしくみを作る必要があると言われます。しかし、子どもたちにとって「親」とは誰であり、何をすべき存在なのかについてはまったく問われていません。この章では、一見すると当たり前すぎるこの問いについて、具体的な虐待事件を例にとって考えてみたいと思います。

最初に強調しておきたいのは、ステップファミリーだから虐待が起きやすいのではないということです。確かに、ステップファミリーが陥りやすい落とし穴があります。その落とし穴とは、初婚同士の夫婦（両親）とその子どもだけの核家族、つまり、親がふたり揃っている「ふつうの家族」として振る舞おうとすることです。そして、そのように振る舞わせようとする社会からの暗黙の圧力があるため、気づかないうちにその落とし穴の方向に進みやすいのです。けれども、そのような状況にはまらないよううまく回避しているステップファミリーが、虐待のリスク要因になることはありません。ステップファミリーであれば必ず落とし穴の方向に進むというわけではないのです。

「親になろうとしてごめんなさい」——「ふつうの家族」という落とし穴？

しかし、「ふつうの家族」のように振る舞うことが、なぜ落とし穴となるのでしょうか。この点は、私たち社会全体が離婚・再婚やステップファミリーという家族をどう見ているか、どう扱っているかと深く関係しています。目黒区の事件はその点を考える上できわめて重要な事例です。そして、そこから多くの教訓を導くことができます。

この事件で保護責任者遺棄致死罪などに問われた、結愛ちゃんの継父の公判は、二〇一九年秋に開かれ、法廷での様子が詳細に報じられました。『朝日新聞』によれば、彼は「結愛ちゃんに『父親が必要だ』と思い」、結愛ちゃんの母親と結婚したと述べています。そして、「『笑顔の多い明るい家庭』にと理想を描いたが、血のつながりがないことを負い目に感じ、それをはね返そうと必要以上にしつけを厳しくした」と陳述しています。「歯磨きや『食事への執着』について結愛ちゃんを直接しかるようになり、改まらないと『焦りやいらだちが暴力に向かった』」と言いました。同紙によれば、彼は「思い描いた理想を結愛に押しつけてきた。エゴ（自分勝手）が強すぎた」と事件の原因を分析し、「『親になろうとしてごめんなさい』と泣きながら謝罪」したのです（『朝日新聞』二〇一九年十月五日朝刊）。

「はじめに」でも紹介しましたが、この「親になろうとしてごめんなさい」という言葉は象徴的な意味を持っています。彼の陳述を文字通りに受け取るならば、結愛ちゃんの継父は「親」になろうとしていたのです。いわゆる「ふつうの家族」になる理想を描いたと言い換えられるかもしれません。

そして、親になろうと努力したけれど、それに失敗したことを認めています。彼は「血のつながりがないことを負い目に感じ」たと言っていますが、継親子に「血縁」がないことが「ふつうの家族」になれなかった決定的な要因なのでしょうか。この点をどうとらえるかが、ステップファミリー理解のための重要なポイントです。

彼は、継子である結愛ちゃんの「親」として「ふつうの家族」を目指すべきだったのでしょうか。それとも「親」になってはいけなかったのでしょうか。この点について、私たちの社会は、これまでしっかりと考えたり、議論したりしてきませんでした。つまり「落とし穴」を放置してきたのです。この点をさらに掘り下げ、「落とし穴」の意味を探る必要があります。そこで、結愛ちゃんの母親が書いた手記を手がかりにして、事件にいたる経緯を詳しく見ていくことにしましょう。

結愛ちゃんの誕生とその後——恋愛・結婚・出産・育児・離婚

二〇二〇年二月に、結愛ちゃんの母親が、『結愛へ—目黒区虐待死事件　母の獄中手記』を出版しました（以下『手記』と略します）。[1]その記述からは、彼女が夫から受けた精神的DVの被害者であったため、娘を虐待から守れなかった側面があるように推測できます。しかしその一方で、母親の視点から描かれたこの家族の変遷をよく見ていくと、継父の公判陳述と（矛盾するというよりは）響き合いながら、ステップファミリーが陥りやすい落とし穴にはまっていった様子を読み取ることができます。

『手記』の第1章には、高校生だった彼女が、後に結愛ちゃんの「父親」となる男性と出会い、結婚・出産した後に離婚し、その後、結愛ちゃんの「継父」となる男性と出会って再婚するまでの経緯が書かれています。

香川県内の高校で三年生だったときに、中学のときから顔と名前を知っていた、自分とは「まったく正反対の人間で、社交的で知識があって、友達も多かった」、「とても頼りになる楽しい人」である彼のブログを見つけたことから彼とのお付き合いが始まりました。「生きててよかった」と感じる恋愛関係に発展し、間もなく結愛ちゃんを妊娠しました。妊娠を報告したら「彼も喜んでくれた」と書いています。

二〇一二年三月に結愛ちゃん（「二人の愛が結ばれた」との意味を込めて彼が名づけたそうです）を出産後は、親子三人の暮らしとなりました。その前後の時期に十九歳同士で結婚したようです。

結愛ちゃんの母親は、仕事と育児の両立は大変だったが、「充実した日々を満喫していた」と振り返っています。彼は金遣いが荒いところがあったけれども、「結愛を可愛がり大切にしてくれていたから、彼に少し不満が出てきても、我慢しようと思っていた」という記述からは、父子関係は悪くなかったことがうかがわれます。

それでも、二人の結婚は長く続きませんでした。彼女は、家事・育児に加えて仕事の負担が自分にのしかかり、さらに性生活におけるすれ違いや二人目の子どもの出産希望のズレなどから関係が悪化したと説明しています。彼が「子持ちの女の子と食事していた」といううわさを耳にするようにもなっていました。その結果、別居し、そして離婚しました。結愛ちゃんが二歳四カ月のときです。

『手記』にははっきりと書かれていませんが、離婚後は母親が結愛ちゃんの親権者となったようです（詳しくは第二章で触れますが、日本の法律では、婚姻中は両親が共同で親権を行使しますが、離婚後にはどちらか一人だけが親権者となります）。離婚後に彼女は結愛ちゃんと二人の生活を支えるために、キャバクラで働きました。離婚後しばらくは元夫と会っていたと書かれています。彼は養育費を払うことはなく、むしろ彼女に多額のお金を強く要求してきたのを断りきれなかったと書かれています。

結愛ちゃんを「可愛がり大切にして」いたはずの父親が、離婚後に自分の娘についてどう考えていたのかはわかりません。母親は、この時期に彼から新しい恋人とその間に生まれた子どもの動画を直接見せられ、彼のことを「諦める決心ができた」と書いています。

離婚後に別の家族（ステップファミリー）を築いた元夫はもう結愛ちゃんの「父親」ではないことを、互いに確認するための儀式だったかのような出来事です。

ステップファミリーの誕生

離婚後に彼女は、働いていたキャバクラのボーイだった男性と親しくなりました。そして、その人柄に惹《ひ》かれていきました。彼について、「結愛と遊ぶのも面倒を見るのも上手だった。結愛もすぐなついた」と『手記』に書いています。そのときの気持ちを、「私は今度こそ、お父さん、お母さん、娘という憧《あこが》れの家族になれるはずと信じるようになった」と表現しています。

はじめのうち結愛ちゃんは、彼を「お兄ちゃん」と呼んでいたけれども、結婚する三カ月ほど前の時点で「彼がパパと言ってもらいたいと言ったら、素直にパパに変わった」と書いています。母親は、結婚前から彼が結愛ちゃんの教育についてもとても熱心だったと感じていました。まもなく彼女は彼の子を妊娠します。そうした状況で、二人は結婚し、継父となった彼と結愛ちゃんの養子縁組も行っています（養子縁組の制度についても第二章で触れます）。結婚の直前に結愛ちゃんは四歳になっていました。「その先に幸せが待っているはずだった」と母親は書いています。

以上のような母親の『手記』第1章の記述を、すでに紹介した継父の法廷での陳述と重ね合わせてみましょう。すると、結愛ちゃんの母親も継父も、新たな家族生活に理想や憧れを持ち、積極的に、前向きに家族関係を築こうとしたという点では一致していることがわかります。目標とする家族像は、「お父さん、お母さん、娘」という構成の家族です。

この『手記』には「継父」という表現はまったく登場しません。継父が結愛ちゃんの「父親」になって、夫婦とその子どもから成る核家族が再構成されるイメージです。実際、継父は継子と養子縁組をしたのですから、親権者であり、法律上も「親」になったことになります。

一方、結愛ちゃんの「父親」は、結愛ちゃんの人生から姿を消しています。「親」ではなくなったように見えます。この時点で継父は、結愛ちゃんにとっての唯一の「父親」になり代わりました。そして、結婚後ますます結愛ちゃんの教育に熱心になったようです。「両親二人の教育方針がバラバラだと結愛が混乱するから」と言って、毎晩仕事から帰ると結愛ちゃんの将来についての話し合いが始まったというのです。

父親をリーダーとして夫婦が連帯したチームとなり、子どもの教育に力を入れる家族がスタートしたように見えます。最終的に、暴力やハラスメント行為に突き進んでしまったことは明らかに問題です。しかし、当初二人が目指したことに問題はなく、「正しい」道を歩み始めたようでもあります。

憧れの家族に向かう列車の暴走？

子どもの視点から見ると、家族の変化はどのように映るでしょう。結愛ちゃんの場合、四歳近くになるまでの母と二人の暮らしがあり、その前にも二歳までは父親を含む親子三人の暮らしがありました。それに馴染《なじ》んできたはずです。

一緒に暮らし始めたばかりの継親と継子が長年の親子のような関係にならなくても不思議はありません。子どもの親と同居や結婚をし、養子縁組をすれば、自動的に継親子間に愛着関係が生じるわけではありません。そのような愛着や信頼関係のない大人が、急に子どもに高い目標を課し、目標を達成できなかったら厳しく罰するようなこと（しつけ）をしたら、その子どもはその大人に対して抵抗を感じるでしょう。そうした子どもの抵抗はむしろ自然な反応ですが、大人にとっては理想とする親子関係とのギャップとなります。

さらに、結愛ちゃんの継父（あるいは母親）のように理想化された目標（憧れの家族）へのこだわりが強い場合、理想が実現しない原因を特定の誰かに求めるようになります。家族の中で弱い立場にある子どもがそのターゲットになりがちです。結愛ちゃんもターゲットになってしまいました。

同様に、継親から「子どものしつけができていない」と親が責められることがあります。逆に、親から「自分の子どもをなぜ愛せないのか」と継親が責められることもあります。結愛ちゃんの家族ではこれらすべてが起きました。理想的な家族に向かうように夫婦（だけでなく夫の母も）が相互に圧力をかけ合ったことでターゲットの子どもを責める暴走が加速されたように見えます。

『手記』の中でもっとも強烈な印象を与える次の場面に、そのことが象徴的、集約的に表現されています。結婚式直後の時期に、床に横になっていた結愛ちゃんのお腹を継父が蹴《け》り上げるという出来事です。少し長くなりますが、引用してみましょう。

おそらく〔結愛が：筆者注〕彼を本気で怒らすことが直前にあったのだろう。

結愛はきっと泣いていた。でも結愛の泣き声は聞こえない。彼の声だけしか聞こえない。

「結愛が悪いんだ。結愛を直さなくちゃいけない」

この時のことは、題名のついた写真のように頭の中に保存されている。

結愛と私は二人だけで自由にやってきた。新しいパパが来て、私たちの生活は180度変わった。

「これまでOKだったことがどうしてダメになったの。ママ、なんとかしてよ」。結愛の目はそう言っていた。

ママもうあなたを助けられない、パパの方が正しいんだよ。

（『手記』五二～五三頁）

これは、子どものしつけに熱心な父親と母親と子どもという理想の終着駅に向かう列車に乗ってしまった家族にとって、重要な分岐点にあたる場面です。結愛ちゃんの母親の記憶に「題名のついた写真」として保存されていることからもその重要性がわかります。結愛ちゃんが家族の中の急激な変化に対してあまりにも理不尽だと感じていることに、母親も半ば気づいていたことが告白されています。

しかし、「正しい」「新しいパパ」をもはや簡単に下車させるわけにはいかないと感じた彼女は、その現実から目を背け、結愛ちゃんからの救助を求めるメッセージを遮断してしまいました。この文章に続けて次のような記述があります。


彼は以前、自分の母親から「結愛ちゃんはあなたの子じゃないんだから優しくしてあげなさい」と注意を受けたようだ。私も彼に「〔結婚後に生まれた：筆者注〕息子と結愛を差別しないでね」と話したことがある。

それに対して彼は「そんなことを言うこと自体が俺に対する差別だ」と言ってきた。

それを受けて、この人は結愛と息子を差別することなく平等に扱ってくれる尊敬できる人だと思った。

（『手記』五三頁）


ここからは、新たに生まれた自分の子（息子）に対するのとまったく同じように継子にも愛情を感じる父親になれるし、なるべきだという継子の母親である妻からの期待と圧力を継父が受けていたことが読み取れます。

そして、それに対して「俺に対する差別だ」と反発する継父自身も、その期待に当然応《こた》えられると信じていたようです。あるいは、自分にそう言い聞かせたのかもしれません（しかし後に彼は法廷でそのことを謝罪しました）。同時に、結愛ちゃんの母親の目には、「彼は息子が生まれ、とても喜んでいる。息子を大事にし、誰の目にも息子が第一とわかるくらい」と映ってもいました。

だからこそ「差別しないで」と釘《くぎ》を刺したのでしょう。「ふつうの家族」の実現を目指していた彼女は、夫（継父）が新たに生まれた自分の子どもも、元夫の子どもである継子も、差別なくまったく同じように愛してほしかったのでしょう。

しかし実際には、継父は、途中から「父親」になった継子と、生まれたばかりの自分の息子との間に明確な愛着の差を感じていたようです。それは正しい理想の家族あるいは「ふつうの家族」においては、あってはならない感情です。結愛ちゃんをきちんとしつけ、教育する役割に徹することで、その事実を封印して、自分が結愛ちゃんの父親であると証明しようとしていたのかもしれません。

こうした文脈から、公判陳述での継父の「親になろうとしてごめんなさい」という言葉を解釈すると、走っていた列車から降りてみたら、目指した理想自体が現実離れしていたことに気づき、暴走を止めるべきだったことにようやく思い至った、と言っているのだとわかります。結愛ちゃんの「親」になるという目標は「正しい」路線ではなく、「落とし穴」だったと気づいたのです。

ステップファミリーの現実を見ようとしない社会

非現実的な目標に向かって走っていることに気づかなかったのは、この家族あるいは継父だけに責任がある問題なのでしょうか。この点を考える上で興味深いエピソードが『手記』に書かれています。虐待の疑いで結愛ちゃんを保護した香川県の児童相談所での経験を回想した部分です。

「『一般的には』『普通の家庭は』と他と比べられて、何かマニュアル通りに進められている気がしました。相談しても『そうですか』と言うだけで解決策をくれずにとても困りました」と結愛ちゃんの母親は書いています（『手記』一七四頁）。彼女の記憶と記述が正しいとすれば、彼女自身も、対応した職員も、ステップファミリーを「ふつうの家族」と見ていたことになります。にもかかわらず、彼女は一向に解決への出口が見つからない気持ちを内側に抱え込んでいったようです。

しかしこれは、特定の児童相談所の対応の問題なのではありません。現状では、ステップファミリー向けに特別な支援体制をもっている公的機関は、日本のどこにもないと言ってよいでしょう。これまで私たちは、臨床の専門家に相談した継母さんの多くから、「ふつうの家族」の「母親」向けの助言や励ましを受けるだけだったというエピソードを聞きました。つまり、ステップファミリーを、両親とその子どもから成る単純な核家族と「同じ」ものと見る視線が日本社会全体に蔓延《まんえん》しているのです。

その一方で、厚生労働省のウェブサイト上で公開されている『子ども虐待対応の手引き』の第2章「発生予防」には、虐待が発生しうる「リスキーな家庭環境」として他の要因とともに「子ども連れの再婚家庭」があげられています。本章の冒頭では、ステップファミリーであること自体が虐待のリスク要因ではないと書きましたが、国の虐待防止政策の方針を示すこの手引きでは、リスク要因として明示されてしまっています。

ステップファミリーであることがなぜ、どのようにして虐待につながるか（つながらないか）の理解がともなわなければ、マニュアル上でリスク要因だと示しても虐待を予防する効果が期待できません。しかし、予防や支援の方法は厚労省の『子ども虐待対応の手引き』には書かれていません。単に、このような家族は危険だから警戒せよと言っているのと同じです。

予防や支援が不可能なまま、リスク要因として社会に周知することは、むしろ虐待の深刻化につながる恐れがあります。虐待リスクが高いかのようなマイナスイメージ、否定的な先入観が社会に広まったら、当事者は「ステップファミリー」であることを周囲に隠そうとするでしょう。

そして初婚同士の夫婦（両親）とその子どもだけの核家族、いわば「ふつうの家族」であるかのように振る舞うでしょう。虐待の疑いをかけられることを怖れて、ステップファミリーであるがゆえの悩みを周囲に相談したり、専門機関に支援を求めたりすることも避けるようになります。つまり孤立するリスクを高めます。

実際、目黒区の事件の家族も、近所の人からの通報が発端となり、結愛ちゃんが複数回児童相談所に保護された四国の香川県から逃れるようにして、継父が馴染みのある東京へと引っ越してしまいました。あえて、周囲から疑いの目を向けられない新しい環境を選んだように見えます。その結果、孫を可愛がってくれる母親の両親からも遠ざかりました。

ステップファミリーの独自性に目を向けず、「ふつうの家族」のような家族として認識してしまう傾向は、目黒区の事件をマスメディアがどのように報じたかにもはっきりと表れています。継父が継子を死に至らしめたとされる事件であるにもかかわらず、事件報道では、「継父」や「継親」という呼称はほとんど使われませんでした。各紙では、当時容疑者とされた継父は多くの場合、単に「父親」（朝日新聞、毎日新聞、読売新聞）、あるいは「養父」（読売新聞）と表記されていました（東京新聞のように「継父」を使うのは例外的でした）。

その一方で、報道では結愛ちゃんと（血縁の）父との関係について触れられることがほとんどありませんでした。その結愛ちゃんには「継父」以外に「父親」は最初から存在しなかったかのように扱われています。そのような傾向は、新聞記事などに限りません。目黒区の事件に関しては、この家族が以前に住んでいた香川県、移住先の東京都、そして厚生労働省が、事件が起きた二〇一八年内にそれぞれ事後検証報告書を作成し、公表しています。しかし、どの報告書の経緯説明にも、子どもの「父親」に関する情報が出てきません。

血縁の父親の存在、その父親と子どものこれまでの関係、子どもの母親と父親が結婚・同居・別居・離婚した経緯については何も書かれていないのです。かろうじて被害児童の出生の時期と場所が書かれていますが、それを除けば、経緯の説明は「内夫（後に婚姻して養父となる）、実母、本児での同居開始」時点から始まります。

それ以前に家族の歴史は存在しなかったかのようです。結愛ちゃんが生まれた家族状況、とくに父親との関係は、事件を検証した専門家の方々の意識から自動消去されています。取るに足らない問題、あるいは触れてはいけないタブーのように扱われています。しかし、『手記』に書かれているように、実際には、結愛ちゃんには、生まれ育った家族が二年四カ月間存在しましたし、血縁の父親がいまでも存在しています。それなのに、この事件の検証過程でその事実が無視されても、誰も問題にしないのです。

要するに、当事者も部外者（ジャーナリスト、行政機関、専門家など）も、もう一人の血縁の親の存在を視野から排除しています。ステップファミリーを両親とその子どもから成る単純な家族（「ふつうの家族」）と同一視しようとしているのです。もう一人の血縁の親の存在を視野に入れてしまうと、家族関係が複雑化している現実が見えてしまい、「ふつうの家族」という前提が崩れてしまうからでしょう。そこで、社会全体で、ステップファミリーの現実を見ないことにしたのです。

こう考えてくると、結愛ちゃんの継父の「親になろうとしてごめんなさい」という謝罪の言葉は、虚構に基づく家族を目指す危うさを告発する言葉のようにも聞こえてきます。すでに述べたことと重なりますが、継親を唯一の父／母とみなす「常識」が浸透した社会全体がステップファミリーを虚構に基づく家族へと導いている側面があります（この点については第二章以降で詳しく取り上げます）。そして、これこそが虐待のリスクを生む社会的な背景要因です。この方向に進むことを避けさえすれば、ステップファミリーにもそのようなリスクは生じにくいことを再度強調しておきます。

問題は血縁の有無ではない――千葉県野田市の事件との比較

最後に、本章の冒頭で提示した「血縁」の問題に目を向けてみましょう。継親子に血縁がないことが悲劇的な虐待を引き起こした決定的な要因なのでしょうか。この点について考えてみたいと思います。私たちは、原因を血縁がないことに求めがちです。そして、それゆえにステップファミリーに固有の特性である、継親子という「血縁のない親子」の存在自体が「問題」であるかのように考えがちです。しかし、結論を先取りして言えば、答えは「NO」です。

この問題を考える上で大いに参考になるのは、千葉県野田《のだ》市で二〇一九年一月に起きた小学四年女児虐待死事件です。この事件も大きく報道されたのでご記憶の方も多いと思います。この事件では、血縁の父親による虐待があったとされています。死亡した女児、栗《くり》原心愛《はらみあ》ちゃんの年齢は十歳でしたから、結愛ちゃんよりだいぶ年長です。にもかかわらず、報道情報から知る限り、家族生活の変遷や関係の構造が目黒区の事件に酷似しています。『朝日新聞』の報道によれば、野田市の事件で被害児となった心愛ちゃんは、生まれた直後から父親と別居しています。母親の体調の問題もあり、母親と一緒に母親の実家（沖縄県）で過ごしました。そして両親は心愛ちゃんが三歳のときに離婚しています。心愛ちゃんが八歳になる少し前に両親が再会し、再度交際を始め、その半年後に再婚しています。父母の再婚なので、ステップファミリーではありませんが、再婚したカップルの家族なのです。

その約四カ月後に、夫婦の間に新たに女児が生まれました。そして、その二カ月後に沖縄県から、父親の実家がある千葉県野田市に転居しました（「とどかぬ心　野田小4死亡沖縄では1～5」『朝日新聞』二〇二〇年二月十四日・十六～十八日・二十日、東京地方版朝刊、ちば首都圏面）。

それまで母子が慣れ親しんだ土地（そこではすでに夫の暴力の問題が表面化していました）から離れて、遠方の新しい土地に移動して新たな家族生活をやり直そうとした点、新たに夫婦の間に生まれた子どもと父親の関係には虐待などの問題がない点など、目黒区の結愛ちゃん事件と共通する点が少なくありません。違うのは、結愛ちゃんには継父と父親の両方が存在するけれど、心愛ちゃんには継父が存在しないことです。

しかし、心愛ちゃんにとって血縁の父親との関係は、その経緯を見れば継親子関係に近い面があります。生まれてから小学三年生になるまでの間、父親とは交流がありませんでした。再会した八歳の心愛ちゃんにとって父親は、血縁はあるけれど見知らぬ大人の男性としか思えなかったとしても不思議はありません。一方、生まれてすぐからずっと同居していた祖母とは愛着関係が育っていたようです。そう考えると、この父親は目黒区の事件の継父に近い立ち位置にあることに気づきます。

血縁も親権も持っている「父親」は、何の迷いや疑いもなく「しつけ」を担当したのでしょう。一方、「父親」として登場した、母親の（古くて新しい）パートナーのために、心愛ちゃんは長年「親」的な存在だった祖母から引き離されることになってしまいました。

そして慣れ親しんだ生活のルールからも切り離され、新たなルール制定者である見知らぬ「父親」との生活が始まったように見えます。心愛ちゃんが父親を母や祖母と同等の「親」と認めることに抵抗を感じ、反発したとしても不思議はありません。まだ幼かった結愛ちゃんに比べると、年長の心愛ちゃんはその感情をよりはっきりと表現した可能性が高いです。これも当然の反応です。

もし娘の反抗的な態度に直面したのだとしたら、「父親」は、自分の理想やプライドが大きく傷つけられたと感じたかもしれません。「父親」に対する娘の反抗的な態度を見て、さらにきちんとしつける必要を感じたかもしれません。父親の権威に抵抗する娘に愛情を感じられなかったとしても不思議はありません。

祖母との関係に馴染み、育てられてきた未知の小学四年生に対していきなり愛情を感じることは、血縁の有無に関係なく非現実的です。むしろ扱いに困って苛立《いらだ》ちを感じたかもしれません。血縁があるからこそ、再婚した父母は、理想と現実のギャップを受け入れられず、暴走が加速した可能性があります。

それは目指すべき理想の「ふつうの家族」にはあってはならない「事実」だからです。そして家族が理想から逸脱してしまう原因がその子ども（心愛ちゃん）にあり、その子が変わるべきだと思えてしまうからです。そのように考えてくると、心愛ちゃんの父親は「血縁のある継父」と言うべき存在であり、結愛ちゃんの継父同様に、落とし穴へと猛進してしまったことがわかります。

要するに、両親と血縁関係があっても、ステップファミリーと同様の家族状況に置かれ、単純な「ふつうの家族」になるのが当然であると期待されると、困難な状況に陥りやすいということです。同じ落とし穴にはまりやすいということです。

大切なのは、事態を子どもの視点に立って見ることです。

特に注目してほしいのは、子どもが「親」（のよう）だと思っている人に入れ替わって、別の大人がいきなり「親」として振る舞う状況が二つの事件に共通していることです。血縁の有無よりも、この点が、子どもにとって適応困難であり、理不尽な苦しみをもたらすのです。

さらに、ずっと一緒に暮らして頼りにしてきた血縁の親（この二つの事件では母親）がこの理不尽さを理解してくれず、そこから助けてくれないことが子どもを追い詰めます。継親子の対立状況で、自分の親が自分の側ではなく新しいパートナーの側についてしまったと感じると、子どもは絶望的な心境に陥ります。すでに見たように、結愛ちゃんの母親は結愛ちゃんが発した無言の訴えから目を背けたと告白していました。心愛ちゃんは、学校のアンケートで助けを求めましたがそれもうまくいきませんでした。この二人の子どもたちの周りにはステップファミリーの落とし穴について理解し、それを避けるために手をさしのべる大人が一人もいなかったのです。

二つの事件から学ぶべきこと

これまで二つの具体的な事件について述べてきたことは、もちろん限られた情報に基づく、ひとつの解釈にすぎません。しかし、二つの虐待死事件を現実に照らしてよく見れば、そこから多くの教訓を引き出すことができます。

第三章で詳しく紹介しますが、調査研究の過程で、事件にまでは至らなかったけれども同様の困難な状況に陥ったステップファミリーのケースに、私たちは数多く出会いました。その意味で、この二つの事件を単なる極端なケースとして片付けるわけにはいきません。

二つの事件は、「はじめに」で論じた社会全体の「常識」に沿った方向へ突き進んでしまうことに、強い警告を発しています。その「常識」とは、すでに述べたように、親が離婚したら両親のどちらかが子どもを引き取って「ひとり親家庭」となり、その「ひとり親」が再婚したら再婚相手が子どもの「新しいお父さん／お母さん」となって「ふたり親」に戻り、「ふつうの家族」のようになるとみなす考え方のことです。

この「ふたり親→ひとり親→ふたり親」路線が、子どもたちの福祉や利益を大きく損なうリスクをはらんでいることをきわめて象徴的に示しています。そして、二人の女児の尊い命が失われたことを無駄にするわけにはいきません。

将来にわたって夥《おびただ》しい数の子どもたちが経験するに違いない親の離婚・再婚を、どうしたら子どもにとっても「よい経験」あるいは少なくとも「悪くない経験」にしていけるでしょうか。このことをしっかりと考え、子どもたちの幸せを中心にすえて支援していける社会へと変えていく義務が私たち大人にはあるはずです。

そのために、次の章では、日本における離婚や再婚がどのような変遷を経て、現在どのような状況にあるのか、また関連する制度はどのようなものかを見ていくことにしましょう。そこには意外な事実がたくさん隠されています。

【第一章註】

（1）船戸優里『結愛へ――目黒区虐待死事件　母の獄中手記』小学館、二〇二〇年。

第二章　離婚・再婚の変化と「ふつうの家族」

親の離婚・再婚を経験する子どもの増加

前章では、ステップファミリーで子どもが深刻な困難や苦痛を経験する事例を取り上げ、なぜそのようなことが起きたのかを考察してきました。

本章では、こうした事例の背景要因を探るために、日本の歴史を遡《さかのぼ》って、前近代から現在に至る離婚・再婚の制度と実態の変遷を少し詳しく見ていきます。子どもの虐待死のような最悪の事態が生じたのはその家族に固有の悪い条件が重なったためですが、日本社会が伝統のように維持している家族観の存在も、その背景要因として重要です。そこで、現在広く社会に浸透している離婚・再婚観がいかにして作り上げられたのかを探ってみたいと思います。

まず、かつての日本において、離婚や再婚はどれほど多かったのか、それが現在に至るまでにどう変化してきたのかを確認しましょう。図1は、統計が取られ始めた一八八三年(明治一六年)以降の普通離婚率の歴史的な変化を示しています。普通離婚率とは、人口千人あたりの離婚件数を表しており、離婚発生の傾向を示す一般的な指標です。この表からいくつかのことが指摘できます。

第一に、戦後に限って言うならば、高度経済成長期(一九五〇年代半ばから一九七〇年代

図1　普通離婚率の長期的な推移(1883年〜2018年)

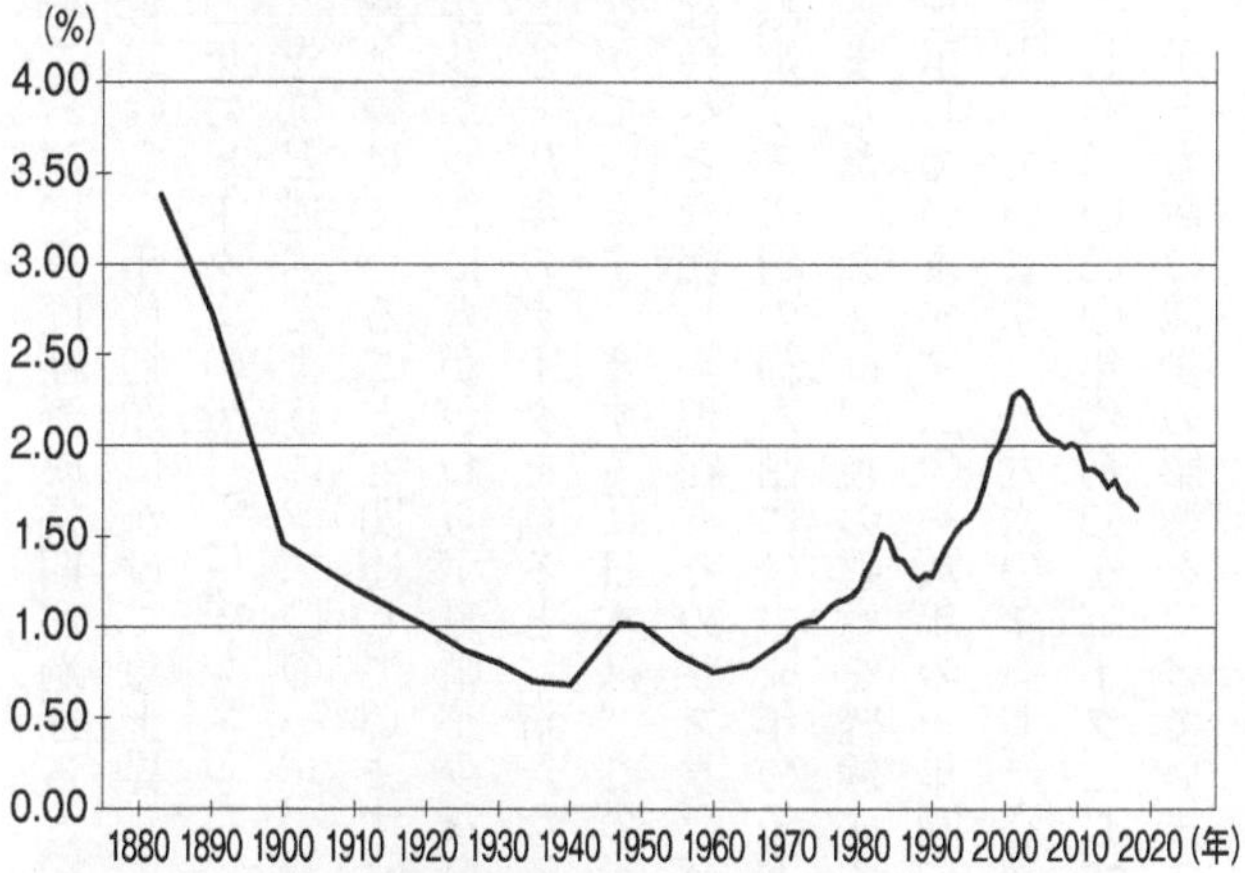

注：人口1,000人あたりの離婚件数
出所：1883、1890年は内閣統計局『日本帝国統計年鑑』、
1900年以降は厚生労働省『人口動態統計』

初頭までの時期）の日本は離婚率の低い社会だったことです。大戦直後の混乱期に一時的に離婚率が上がりましたが、しばらくすると低下し始めます。一九六〇年には〇・七四にまで下がりました。この時期は、新たに結婚するカップルの数（婚姻件数）が上昇した時期でもあります。一九七〇年には新たな結婚が百万件を超えています（それに比べると現在は、若者の数も減り、晩婚化・未婚化が進んでおり、直近の二〇一八年には六十万件を下回りました）。この時期は新たな婚姻件数自体が多かった一方で、離婚が非常に起こりにくい時代だったのです。

ところが、高度経済成長期が過ぎると、離婚率は上昇し始めます。とくに一九九〇年代から二〇〇〇年代初頭にかけて急上昇しました。二〇〇〇年代前半に二・〇を超え、二〇〇二年にピーク（二・三）に達しました。その後、普通離婚率はやや下降気味です。それは、先ほど述べたように、二〇〇一年の八十万件からその後一貫して新たな婚姻件数自体が減り続けていることと関連しています。したがって、高度経済成長期のように結婚する人が多かったにもかかわらず離婚が少ない状態に戻りつつあるわけではありません。

二〇一八年のデータを見ると、新たな離婚件数は、新たな婚姻件数の三分の一よりも多くなっています。要するに日本は、この半世紀ほどの間に、結婚が離婚に至るリスクの高い社会へと変貌《へんぼう》し、現在もそのリスクは高止まりしています。

離婚する夫婦の約六割には未成年の子どもがいます。親の離婚を経験する子どもの数も増えました。図2は、親の離婚を経験する未成年の子ども数が、戦後どのように変化したかを示しています。二〇一八年の一年間に親の離婚を経験した未成年子の数は約二十一万人に上っています。一九六〇年（七万人強）と比べると約三倍です。

これも二〇〇〇年代初頭をピークにして近年下降気味ですが、それは日本全体の婚姻件数や子ども数の減少の影響を受けています。子どもが多かった一九六〇年と二〇一八年を

図2　親が離婚した未成年子の数の推移（1950年～2018年）

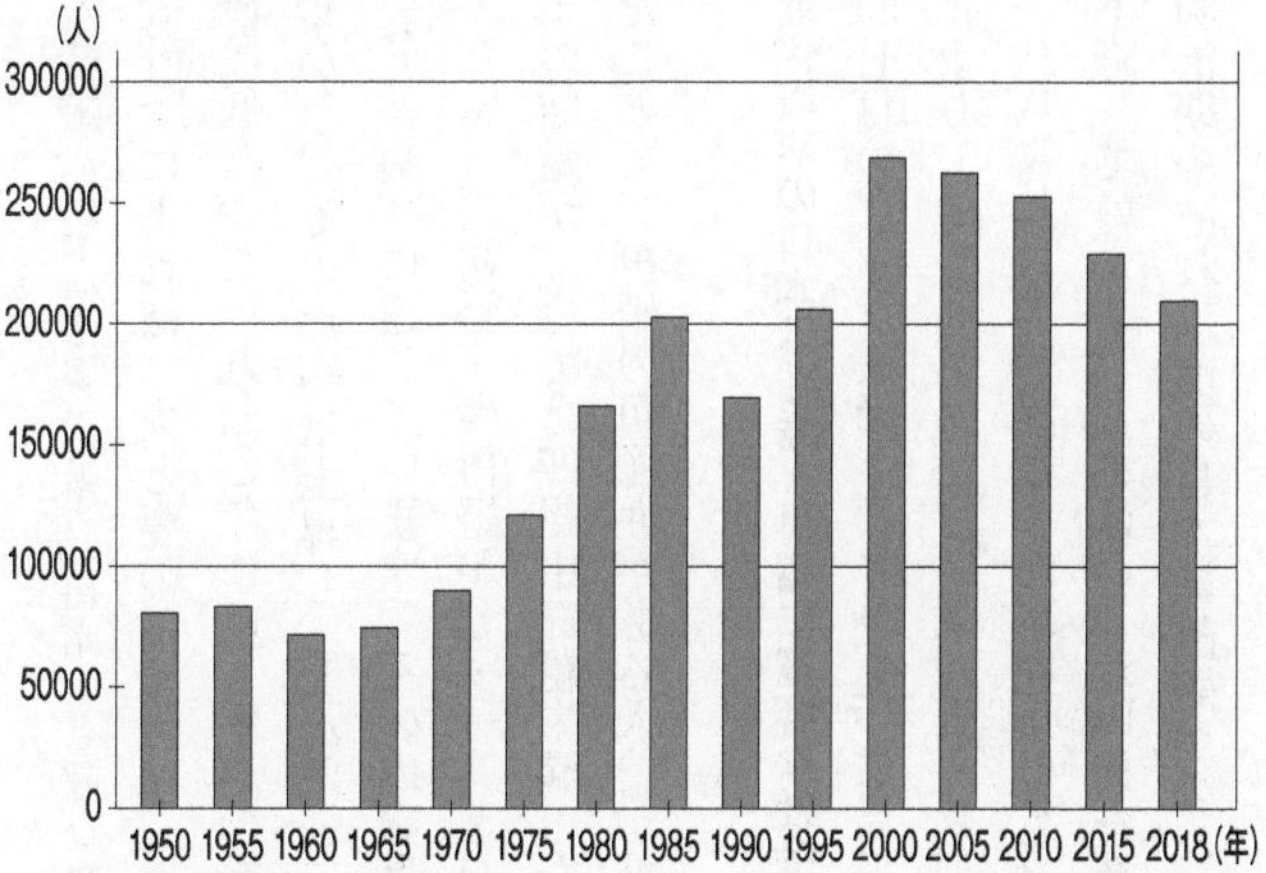

出所：厚生労働省『人口動態統計』

比較すると、その間に母数となる未成年の子ども数自体が四四％も減少しています。それを考慮に入れると、子どもが親の離婚を経験するリスク（確率）は、この半世紀あまりの期間に五倍以上に跳ね上がりました。実際には、このグラフの印象よりも急激な変化が生じています。日本は毎年夥《おびただ》しい数の子どもが親の離婚を経験する社会へと変貌したのです。

　子どもたちにとってさらに大きな家族変化として経験されるのが親の再婚です。それを経験する子どもの数は国の統計では把握されていません（日本社会がこの点に無関心であることを反映しています）。わかるのは新たな婚姻のうち、二度目以上の結婚（以下ではこれを「再婚」と呼びます）をする人の数です。図3に示した「人口動態統計」によれば、夫と妻のどちらか（あるいは両方）が再婚というカップルの比率は、戦後最低だった一九七〇年には、新規の婚姻全体の一割程度（十二万件強）でした。

しかし、その比率は上昇し、二〇〇五年に二五％を超え、二〇一八年には二六・七％（二五万件強）に達しています。その内訳は、夫妻とも再婚が九・八％、夫再婚・妻初婚が九・九％、夫初婚・妻再婚が七・一％となっています。五十年前には九割に近かった初婚同士の結婚が、今では四組中三組未満となり、再婚はもはや珍しくありません。離婚が増えたことで、再婚の可能性がある人口が拡大したためです。

近代以前の日本は離婚・再婚に寛容な社会

四七頁のグラフ（図1）をもう一度見てください。目を引くのは、戦後の離婚率上昇の変化よりも、むしろ戦前（一九四五年以前）の変化ではないでしょうか。統計を取り始めた一八八三年は普通離婚率が現在よりもはるかに高く、約二倍です。そしてその後に急激に下降しています。これはいったい何を意味しているのでしょうか。

明治期やそれ以前の日本は離婚が少なく家族が安定していた（なのに現代の家族は不安

図3　婚姻件数に占める再婚の割合の推移（1955年～2018年）

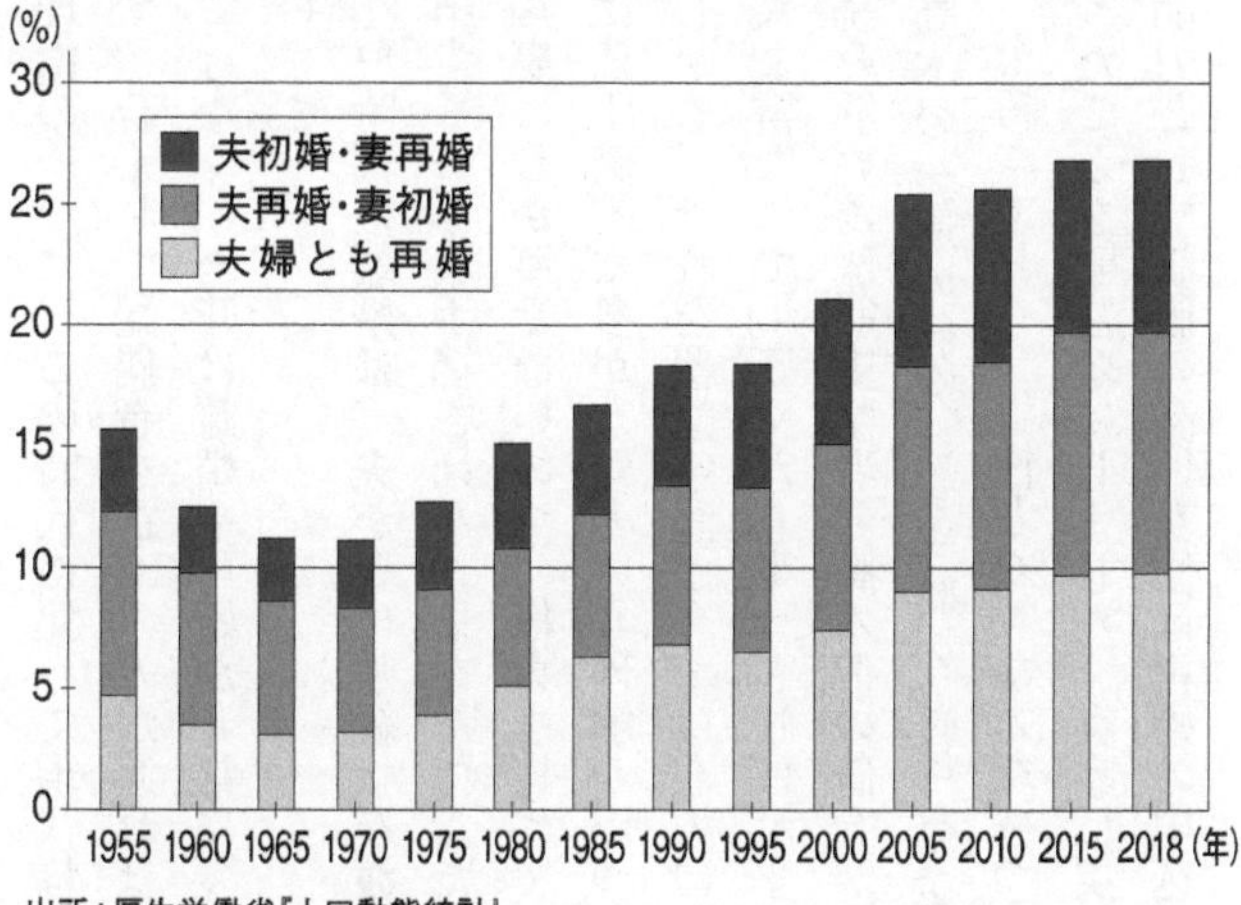

出所：厚生労働省『人口動態統計』

定だ！）と思っていた人は、何かの間違いではないかと目を疑ったかもしれません。そのイメージは神話にすぎません。そのような家族変化はキリスト教が支配的だった欧米社会にはあてはまりますが、日本には該当しないのです。

この数十年の間に、歴史社会学や歴史人口学の研究が大きく進展しました。百五十年以上前の明治以前の結婚や家族が現在と比較してどのように違っていたのか、新事実が掘り起こされました。意外な発見の一つは、現代の日本社会に比べて、明治以前は長続きする結婚が少なかったことです。現代の結婚の方が長続きしています。[1]

理由の一つに、この時代に比べて現代は平均寿命がはるかに延びていることがあげられます。若くして配偶者を亡くす人が減れば、婚姻期間の延長に貢献します。しかしそれだけではなく、当時は離婚や再婚が非常に多かったことが歴史的な研究によって裏づけられています。(2)

江戸《えど》時代の離婚は、夫が妻に離縁状を渡すことによって成立しました。役所に離婚届を提出するような手続きはありませんでした。そこで離縁状が非常に重要です。離縁状は夫から妻にしか渡せないので、権力を持っている夫が一方的に妻を追い出すケースがその時代には圧倒的に多かったという理解がかつては一般的でした。

しかし、それを覆す学説が今では有力になっています。この離縁状は三行半ぐらいの簡単な文書なので「三《み》くだり半《はん》」と呼ばれますが、数多くの離縁状を関連文書と組み合わせて読み解いた法制史学者、高木侃《たかぎただし》の研究が江戸時代の離婚イメージを塗り替えました。

高木の一連の研究は、当時の庶民（大半が農家）の女性は労働力として自立性（経済力）を持っており、男性と対等な力を持つ女性側が望んで家を飛び出した離婚も少なくなかったことを明らかにしました。実家に戻った女性は抵抗なく受け入れられたと言います。労働力として価値の高い女性は再婚の申込みの可能性も高く、離縁状は別の男性と夫婦になる自由を保証しました。

処女性の概念は明治以降に西洋から輸入されたもので、それ以前の庶民の間では婚前の性的関係への許容度が高かったこともあり、当時の「出戻り」女性は「きず物」扱いされるようなことはなく、むしろ結婚によって経験を積んだことを評価されたとさえ述べられています。(3)

離婚・再婚を否定する価値観の台頭

このように、明治以前は結婚や離婚はきわめてプライベートな問題であり、政府（幕府や藩）も特定の宗教も関わっていませんでした。三くだり半を渡すことはすべて私的世界の事柄でした（ただし、三《み》くだり半《はん》をもらっていない既婚女性が別の男性と関係を持つことは不義密通として罪に問われました）。後で述べるように、現在でも日本では離婚が裁判所などの公的機関が関与しない、私的な問題として扱われる傾向が他国に比べて強いのですが、それは徳川《とくがわ》期の離婚と共通する面があります。

一方、明治以降、離婚・再婚についての制度や価値観が大きく変わったのも事実です。一八七一（明治四）年の（現在の戸籍のルーツとなる）戸籍法の制定、一八八六（明治十九）年の戸籍制度の改革、一八九八（明治三十一）年の明治民法施行と戸籍法の全面改正という一連の制度化が行われ、結婚も離婚も次第に整備されつつあった官僚制組織である役所に届け出る制度になり、国家が把握すべき事柄となったのです。

と同時に、家父長的な家族観に基づき、家長（戸主）が圧倒的な統制力を持つ家族制度が導入されました。戦前までは、子どもの「親権」を持っているのは婚姻関係にある両親のうち父親だけでした（親権については後に取り上げます）。ですから、子どもの両親が離婚した後に子どもが属するのは父親の「家」でした。母親はたいてい子どもを夫の家に置いて出ていく（実家に戻る）ことになりました。

先ほど紹介した江戸時代の離縁状研究では、離婚後に誰が子どもを引き取るかは夫妻間の協議によって決め、母親が男子を引き取ることもまれではなかったと指摘されています。[4]この点、明治期の新しい民法によって離婚のあり方、そして離婚後の親子関係が大きく変化したことになります。

歴史社会学的な研究は、学校教育や学校外での社会教育が家族・家庭、夫婦や親子の関係のあり方、女性に良妻賢母的役割を求める価値観を社会に広めたことを明らかにしました。[5]明治以降の政府の教育政策などによって、婚姻関係がかなり急激に安定化させられたのです。これが図1に見られるように、戦前の離婚率の長期的な低下につながります。再婚についても同様の変化がありました。

要するに、江戸期の日本は離婚・再婚が珍しくない社会でしたが、明治以降に離婚・再婚が抑制・抑圧される社会へとかなり急激に変化したのです。とくに家長である父親に権限が集中し、その子ども、とくに女子の婚外の性的関係を統制し、結婚相手を決定する傾向が強まりました。そして、一度結婚したら離婚は避けようとする態度が社会に浸透していきました。裏返せば、離婚（経験者）に対する否定的意味づけが広まったということです。

こうした歴史的な変化の断面を描いた興味深い研究があります。一九三五年から三六年（昭和十年から十一年）にかけて、アメリカの人類学者、ジョン・エンブリーが妻のエラと一緒に熊本県の須恵《すえ》村（現在のあさぎり町須恵地区）に住み込んで、参与観察や聴き取りを行った調査研究です。日本語が得意だった妻のエラの記録ノートを、後に人類学者、ロバート・スミスが編集したものが一九八二年に出版されています。その五年後には、日本でも『須恵村の女たち』と題して翻訳出版されています。(6)

これを読むと、この時代の一般庶民、農村の女性たちが離婚・再婚に関してあまり否定的な態度をとっていなかったことがわかります。とくに、何度も結婚を経験した村の高齢女性たちは、自分の離婚・再婚経験を恥ずかしいこととは感じていません。彼女たちの語りを記録したエラは、「須恵村の女たちは、結婚や離婚などで、予想のできないほどの著しい自立性を見せていた。彼女たちの多くは二度以上結婚していた。そして、びっくりすることには、女性の方が結婚生活に終止符を打つことは、その結婚が正式のものであれ、慣習法のものであれ、決して珍しいことではなかった」と書いています。(7)

明治期からこの時期は、女性に良妻賢母的な役割を期待し、離婚や再婚に対する否定的な考え方が社会全体に浸透していく過程にあった時期です。このような価値観は、かつて一握りの旧武家などの上層階級が持っていたものです。それが教育機関などを通じて、都市部の中間階級、娘を女学校に通わせた社会階層に受容され、次第に社会の多数派を占める農村部の比較的貧しい層へも波及していきました。

『須恵村の女たち』の記述からは、当時の高齢世代と比べて若い世代ではすでに離婚に対して慎重な態度が生じていたことがわかります。エラが書き残したのは、離婚・再婚に関して日本社会が急激に変化した時代の農村の人々のスナップショットでした。

このような環境下で育つ子どもたちの家族経験については、この本では詳しく書かれていません。しかし、この時代の子どもたちは、大きな困難を経験するリスクが大きかったと想像できます。生みの親に育てられるかどうかは状況次第であり、多くの急激な家族変化を経験する子どもたちが少なくなかったはずです。両親が離婚しない場合でも、きょうだいが多ければ、跡継ぎ以外は他家の養子に出されることが珍しくありませんでした。乳幼児期に子どもが死亡するリスクもはるかに高かったので、親子関係は（ついでに言えば、祖父母と孫の関係も）現代のように長くは続かなかったのです。

『須恵村の女たち』が描いた一九三〇年代半ばから十年ほどの間に、日本は対中戦争、対米英戦争へと突き進み、過酷な敗戦を迎えます。その結果として子どもたちが親やきょうだいを亡くし、貧困を経験するリスクがさらに増しました（一九四七年に厚生省が実施した全国調査で把握された孤児は十二万三千人を超えています）[8]。安定した家族関係の中で子どもも時代を過ごせたケースは少なかったのです。

高度経済成長期と「ふつうの家族」

戦後の日本は、家族に関する法制度が再度大きく変化しました。新憲法では、男女の平等が謳《うた》われ、戦前のような家父長制的な家長（基本的に父／長男）が妻や子ども（きょうだい）を統制する家族のあり方は、制度的に否定されました。その一方で、婚姻の安定性を強調する価値観は持続し、離婚・再婚を抑圧・抑制する変化は基本的に継続しました。すでに図1で確認したように、敗戦後の混乱期を過ぎると離婚率はきわめて低い状態に戻りました。

戦後十年ほどが過ぎると、日本は高度経済成長と呼ばれる時代を迎えます。この時期こそが今日でも「ふつうの家族」と言えば比較的簡単にイメージされるような家族のかたちが確立し、広く社会に普及した時代でした。では、その「ふつう」とはどのような要素によって成り立っていたのでしょうか。

家族社会学者の落合恵美子《おちあいえみこ》は長年にわたって定評のある著書『21世紀家族へ』の中で、「戦後のある時期に、安定した構造が明らかに出現する。その構造ができあがるまでの時期と、構造が安定した時期、それからそれが壊れていく時期、戦後はその三つに区分できる」と主張しました。(9) そして、家族の構造が安定した時期を「家族の戦後体制」と呼びました。それが二十年近くにわたる高度経済成長期にほぼ重なります。

落合が「家族の戦後体制」と呼ぶこの時期には、女性の主婦化が進みました。この世代の多くの女性たちは都市部に大量に出現した会社勤めの男性たち（いわゆるサラリーマン）と結婚し、専業主婦となって家事・育児に専念する生活が選択可能になりました。それまでの女性の多くには、農家などに「嫁に行く」という重労働の世界に入る選択肢しかありませんでした。重労働せずに子育てに集中できる生き方が、明るい未来のように見えた時代でした。戦後に女性の社会進出が進んだと誤解されがちですが、まずこの時期に主婦という生き方が幅広い層に行き渡ったのです。

この時代には結婚や出産の適齢期規範も強く、女性が二十代前半という限られた年齢幅で結婚し、少数の子どもの親となることが標準とみなされました。この時期に結婚して親になった世代はきょうだい数が多かったのですが、その子ども世代はきょうだい数が急激に減少して平均二人となりました。母親は家事や育児などのケア役割、父親は稼ぎ手としての経済的役割を中心に果たしながら、長期安定的に両親が少数の子どもの養育・教育に集中的に投資する家族、つまり教育社会学者の広田《ひろた》照幸《てるゆき》が「教育する家族」と呼んだ家族特性が日本社会に一般化した時代でもありました。(10)

要約しましょう。明治期から戦前期にかけて婚姻関係の安定性が高まり、さらに戦後の高度経済成長期には母親の家庭内のケア役割が強調されたために、親が子を養育・教育・

支援する関係が長期に継続する方向へと家族は歴史的に変化しました。そして、社会全体が経済的に豊かになり、サラリーマンとその妻の核家族世帯が増加した高度経済成長期には、初婚継続の夫婦が性別役割分業に基づくチームとなり、その血縁の子ども少数を育てる家族が一般化・標準化したのです。第一章で「ふつうの家族」と呼んだものは、この時期に社会に定着して現在もなお支配的な家族の標準型を指しています。

このような変化は、子どもの成育にとってよい環境をもたらしたように見えます。しかし、別の視点から見れば、「ふつうの家族」ではない環境で育つ子どもは不利な立場の少数者となることを意味していました。例えば、婚姻状態にない女性の出産による婚外子は、この時代には戸籍上、婚内子とは異なる表記がされました。また、父親からの相続にあたって婚外子は婚内子の半分とする差別的な法律がありました。

図4が示すように、婚外子の比率は長期的に低下して、高度経済成長期から一九八〇年頃に底(一%未満)を打ちます。離婚率の変化(図1)のパターンに似ています。親の離婚が抑制されるとともに婚外子が極少化することで、子どもたちの圧倒的多数が「ふつうの家族」の中へと囲い込まれる社会がこの時期に到来しました。

婚外子の比率は、その後微増傾向にあるものの、現代の欧米諸国では三〇〜六〇%

図4　出生数に対する婚外子の割合の推移（1920年～2018年）

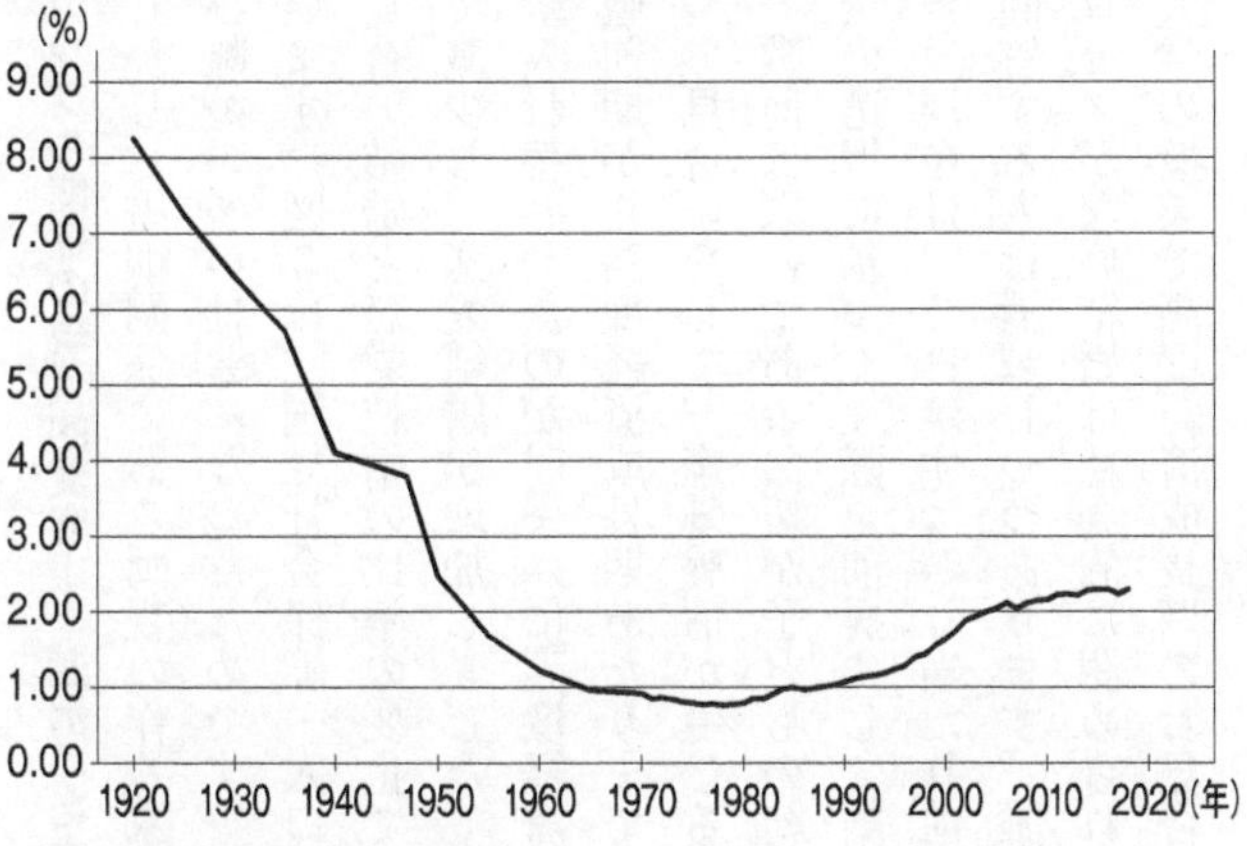

出所：厚生労働省『人口動態統計』

（OECD, Family Database）であるのに比べると、日本は今でも二％程度ときわめて少数です。欧米では婚姻という制度によらない家族のありかたも「ふつう」になってきているのに比べて、日本は「ふつう」の幅が相当に狭いことを示しています。先に述べた婚外子に差別的で不平等な制度も最近になってようやく撤廃されましたが、父母が婚姻関係にある家庭内で子どもは育つべきだという規範は今でも支配的です。現代の日本では、いわゆる「できちゃった婚」が珍しくない事実がこれを裏づけています。

カップル関係の現代的変容――選択の自由／離脱の自由

しかし、婚姻関係にある両親の作る家族の外に置かれる子どもが大きく増加しました。再び離婚の多い社会になったためです。離婚増加の予兆となる変化は、戦後すぐから生じています。図5は、国立社会保障・人口問題研究所が継続的に行っている全国調査に基づく見合い結婚と恋愛結婚の比率の変化です。これを見ると、戦後に見合い結婚比率は一貫して減少し、恋愛結婚が増加しました。そして、現在では圧倒的多数となっています。両者が入れ替わったのが、まさに高度経済成長期です。

戦前期から高度経済成長期あたりまでは、親の親類・知人などからもたらされる縁談によって見合いをして、恋愛感情が生じる間もなく結婚するケースが珍しくありませんでした。戦前は家長である父親が子どもの結婚を決定する傾向が強かったのです。戦後、当人同士の選択に基づく交際を前提にして結婚が成立するという結婚観が優勢になっていきました。現在は、それがすっかり当たり前となりました。みずからの結婚を「見合い結婚」と回答する人は消滅しつつあります。誰かの紹介で知り合ったとしても、その後に恋愛のプロセスがない結婚は社会的に認められにくい時代になったのです。

大学の授業で高度経済成長期のお見合い結婚について報じる当時のテレビニュース動画

図5　結婚年次別にみた恋愛結婚と見合い結婚の構成の推移
（初婚同士の夫婦のみ）

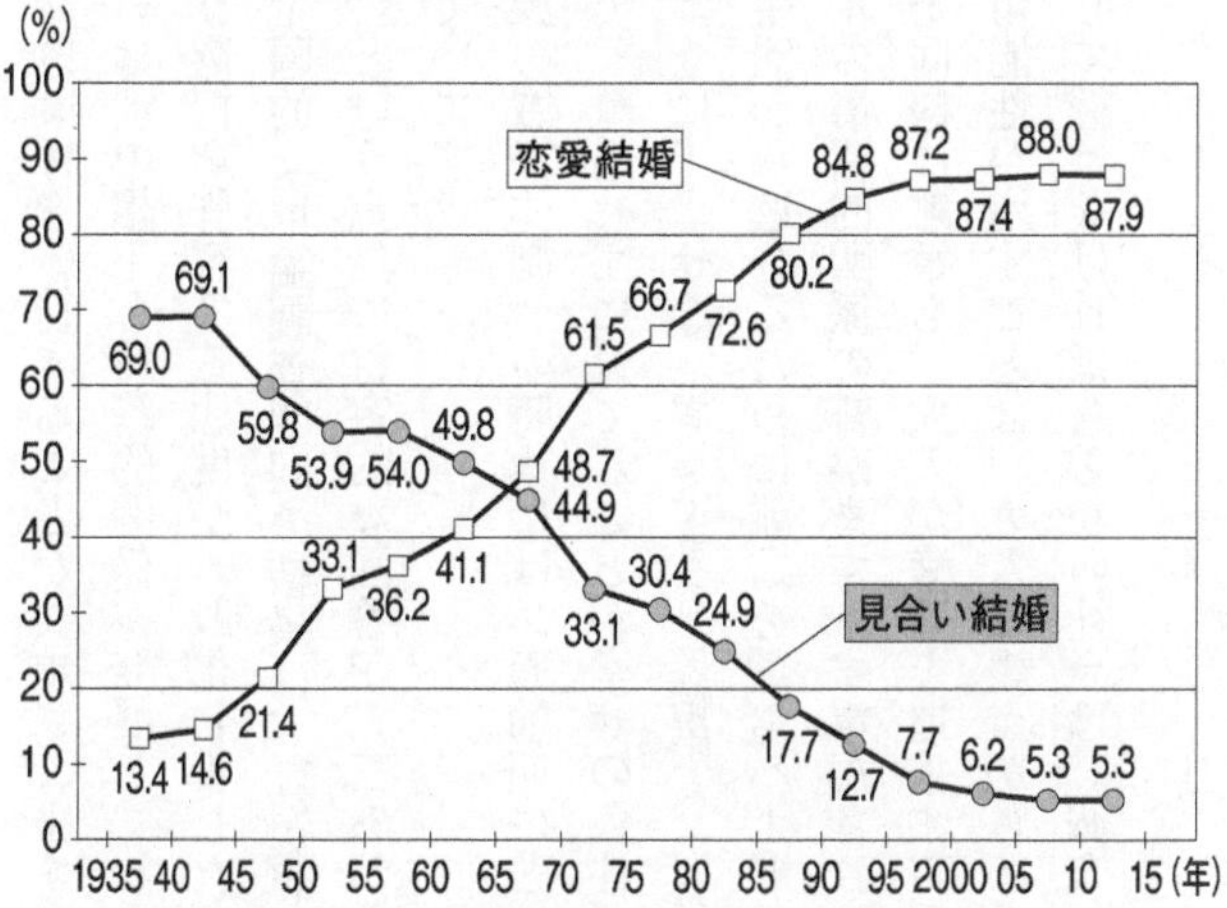

出所：国立社会保障・人口問題研究所「第15回出生動向基本調査」

を見せると、若い学生たちは「信じられない！」という顔をします。他人の紹介ですぐに結婚相手を決めるような時代は離婚率が非常に高かったに違いないと発言した学生もいました。しかし事実はまったく逆です。自分が好きになった相手と結婚するのが当たり前と考えるようになったからこそ離婚が増大しているのです。

そもそも現代は結婚成立が難しくなっています。カップルが結婚に至るには、経済状況など外的条件もさることながら、情緒的な強い絆《きずな》が育《はぐく》まれることが前提条件であることが理由の一つです。そして、結婚後も一定のレベルの情緒的関係を維持することが要求されます。そのような関係がうまく維持できない場合、あるいは別の相手と情緒的関係が発展してしまってカップル関係が損なわれた場合、離婚という選択を許容する態度が一般化しました。一九七九年から一九九七年にかけて実施された全国的な世論調査四回の結果は、「結婚しても相手に満足できないときは離婚すればよい」という意見に肯定的な回答が二三％から五四％へと、二十年弱で二倍以上の増加を示しています。(11)

「家族の戦後体制」の時代には、適齢期にとにかく相手を見つけて結婚し、子どもを二人産んで、離婚せずに育てることが幸せの条件でした。しかし、その後の変化を見れば明らかなように、幸せな（満足できる）結婚へのハードルは上がり、不幸せな（満足できない）結婚生活から逃れるために離婚を選ぶハードルは低くなっています。幸せの条件としてカップルの情緒的関係の質がますます重視されるようになったからです。

結婚同様に離婚も、大人が幸せを追求する重要な選択肢になっています。そして離婚の選択可能性が増すことは、大人の観点からは歓迎すべきことです。不満が募る結婚生活を我慢して続けなければならない社会は、個人の幸福追求の権利を否定する社会だからです。

離婚後に親子関係はどうなるのか――単独親権者は父から母へと変化

しかし、離婚するカップルに子どもがいる場合には、話はそれほど単純ではありません。子どもにとっての両親の離婚は、その喧嘩《けんか》を目にする機会が減るなどの点でよい効果をもたらす可能性もありますが、状況次第ではその後に大きなマイナスの変化をもたらすからです。そこで問題になるのは、離婚後の親子関係をどうするかです。養育や教育の面で親からの支援を必要とする未成年の子どもの福祉にとって、親との関係の質は決定的に重要だからです。

その点では、高度経済成長期以降に大きな変化がありました。離婚後に子どもの親権者となったのが誰かを示した図6を見ると、戦後すぐの一九五〇年には離婚後に子どもの親権者となるのは父親が多かったのに、高度経済成長期の一九六〇年代に急激な変化が起きたことがわかります。母親が親権者となるケースが急増し、圧倒的多数である八五％に達したのち近年は横ばい状態です（「その他」には、複数の子どものうち、ある子どもは父が、別の子どもは母が、親権者となるケースが含まれています）。

戦後すぐの時期に父親が親権者となるケースが多かったのは、戦前の明治民法の影響でしょう。戦後の新しい民法では、両性の平等原則の下、婚姻関係にある父母両方が親権者であり、共同で親権を行使する法制度へと変わりました。

「家族の戦後体制」において主婦が一般化したことは先ほど述べました。この変化は幼い子どもにとっては母性が必要だという考え方を社会全体が受け入れ、女性自身も母親であることに大きな価値を置くようになったことを反映しています。母親も農業などの重労働に携わっていた時代には、子どもの祖父母や姉などが直接の世話をするケースが珍しくなかったのです。

しかし、直接世話をするのは母親であるべきだという考え方が、とりわけ日本では、自然で普遍的なことのように社会に浸透してしまいました。それが、離婚後には母親が子どもの親権者となってケアするのがよいという「常識」を導いたように見えます。

そもそも「親権」とは何でしょうか。民法八二〇条では、「親権を行う者は、子の利益のために子の監護及び教育をする権利を有し、義務を負う」と規定されています。子どもの財産を管理すること、医療機関で適切な治療を受けさせること、進学先を決めることなどが含まれます。重要なのは、「子の利益のために」これらのことをすることが親の「義務」でもある点です。

親権というと親の権利のように聞こえてしまう点で、法律の内容と名称の間に大きなギ

図6　両親の離婚後に誰が親権者となるか

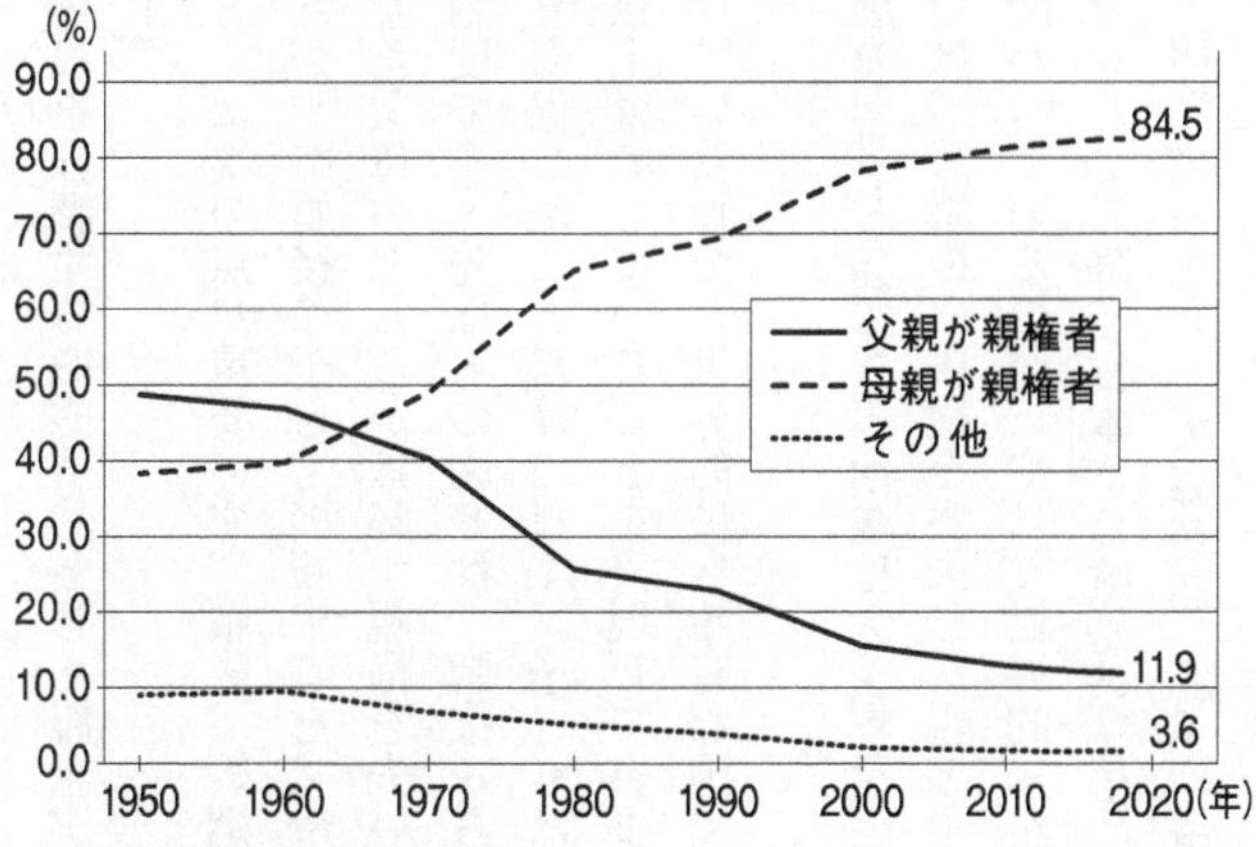

出所：厚生労働省『人口動態統計』

ャップがあります。家族法学者の二宮周《にのみやしゅう》平《へい》は、「親権」という名称について、子は父に服従すべきものと考えられた時代、そして父が家族の財産を管理・支配していた時代の名残ではないかと言います。そして、現代では子の利益を守る親の義務が強調され、保護の客体から権利の主体へと子ども観が転換したのだから、それを反映して「親権」という表現を「親責任」などの表現に変更すべきだと主張しています。[12]

　名称の問題は重要です。法律の専門家ではない一般の人々の親子関係についての認識に強い影響を与えるからです。とくに離婚後の親子関係に目を向けると、この古い名称のイメージ通り、親の責任よりは権利や権限を強調する旧態依然とした観念が私たちの「常識」を支配しているかのように思えます。

とくに次の点が重要です。戦後、婚姻中の父母が共同で親権を行使する制度に変わりましたが、離婚後は子どもの親権者を父母の一方のみに限定すると規定されたことです。離婚した父母のどちらかは必ず親権を失い、子どもに対する責任から解放あるいは排除される制度です。先ほどの図6は、戦後から現在に至るまでの間に離婚後の親権者が父から母へと変化したことだけでなく、子どもは自分の親権者一人を必ず喪失する制度が戦後七十年以上継続していることを表現しています。後に述べるように、日本はこの制度を維持し続けている点で、世界的にも希有《けう》な国です。

親権喪失した親と子の関係は大多数が消失

では、離婚後に親権を喪失した親と子どもの関係はどうなるのでしょうか。この点に深く関わっているのが、やはり世界的に希有な日本の「協議離婚」制度です。明治期に民法が成立して以降、日本では離婚の圧倒的多数が協議離婚によるものです（二〇一八年は八七・四％）。つまり、夫妻が話し合って離婚することに合意できたら離婚届に署名・捺印《なついん》して市区町村に提出し、受理されることで成立する離婚です。子どもの共同親権者である夫婦の離婚の場合でも、離婚後の（単独）親権者が誰かが記載されていれば離婚届は受理されます。

協議が調わない場合には、家庭裁判所での調停を経る調停離婚（同年、九・五％）、それでも合意に至らない場合に裁判を経る裁判離婚（同年、一・〇％）などのルートがあります。しかし、裁判所が介入する離婚は少数です。公的機関が一切介入しない、きわめて簡易な協議離婚が大多数を占める点が日本の離婚の大きな特徴なのです。先進諸国の大多数は、離婚の成立に裁判所が関わる制度になっています。

明治期に戸籍や民法が制定される前の江戸時代の離婚は、私的な離縁状に基づくもので、子どもをどちらが引き取るかなどを夫妻で協議して離縁状などに書き込んで離婚が成立しました。夫婦の縁が切れれば子どもともう一方の親との縁が切れることも含めて、近代以前の私的な協議による離婚慣行が、現代日本の制度にも綿々と受け継がれてきたことは驚きです。徳川期からのこの伝統が時代遅れではないか、点検しないわけにはいきません。

日本で圧倒的多数派の協議離婚では、離婚後に親権者と非親権者となる親の二人が、離婚後に父母がどのように子どもの養育や教育の責任を果たすのかについて「協議」しなくても、親権者だけを決めれば離婚できてしまいます。その結果として、親権を失った親は子どもの監護・教育の責任から完全に離脱できてしまいます。その一例が、第一章で取り上げた目黒区の事件の結愛ちゃんの母親が経験した離婚です。

そのような場合、子どもへの責任は親権者である親が一人で担うことになります。婚姻中は五〇%だった子どもへの責任が一〇〇%になり、負担の集中と困難が生じます。厚生労働省「国民生活基礎調査」による二〇一六年の平均年収は、「夫婦と未婚の子のみの世帯」（七四六・三万円）と比べて「ひとり親と未婚の子のみの世帯」では半分以下（三一七・三万円）です。経済的な問題だけを見ても、その困難の大きさが想像できます。

日本では最近まで、離婚する両親には具体的にどのような義務があるかを規定した法律も存在しませんでした。二〇一一年に民法七六六条の改正が行われ、協議離婚をする両親は面会交流と養育費の分担について、「子の利益を最も優先して考慮しなければならない」と初めて法律に明記されました。親権のない親も定期的に子どもと交流し、養育費を支払うことについて父母間で協議をすることが規定されました。

ただし、この法律の問題は法的強制力がないことです。現行の協議離婚制度では、子どもの利益を優先した協議がなされていなくても、またその後協議通りに実行されていなく

図7　母子世帯の面会交流と養育費支払いの実施状況（2016年）

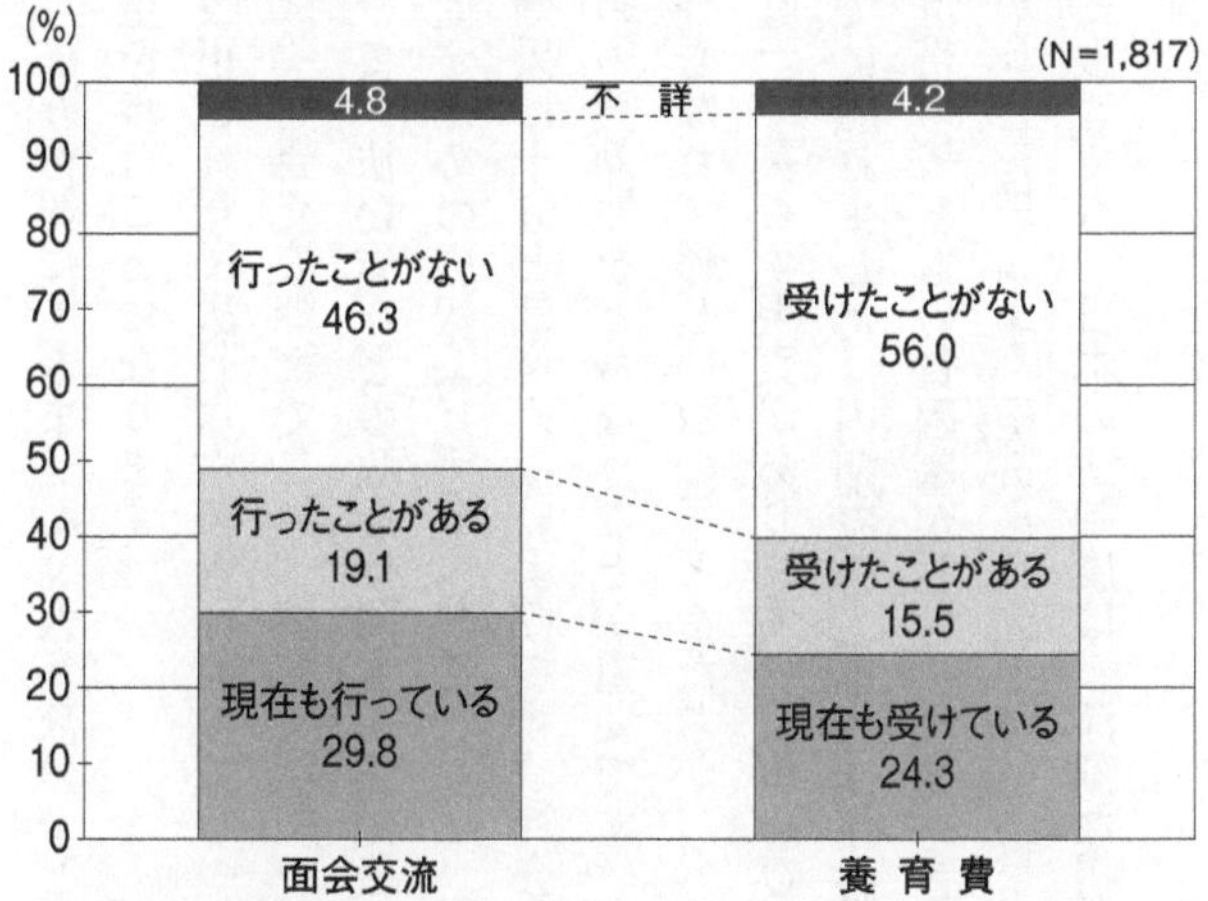

出所：厚生労働省「全国ひとり親世帯等調査」

ても、罰則などもなく、法はそれ以上介入しません。離婚届に協議をしたか記入する欄は設けられましたが、記入しなくても受理されます。家族法学者の二宮周平は日本の協議離婚を「無法地帯」と呼んでいます。⑬

こうした制度状況にある日本では、親権を失った親と子どもの関係が途切れるケースが大半を占めています。厚生労働省が二〇一六年に実施した「全国ひとり親世帯等調査」で親権者となった母親からの回答結果を示したのが図7です。これによれば、離婚後に親権を失った父親が子どもとの面会交流、養育費の支払いを継続している割合は、それぞれ三〇％

弱、二五％弱にすぎません。大多数の子どもたちは父親からの情緒的・経済的支援のない人生を歩むことになります。

改正された民法七六六条施行前の二〇一一年実施の前回調査と比較すると、実施率の増加は、面会交流継続で二％、養育費継続で五％ほどと、微増に止《とど》まっています。法改正を受けて、法務省などの政府機関も、離婚後の面会交流と養育費についての協議やその実施を促すための広報（ビデオ、パンフレット、ウェブページ）を展開しています。しかし、その効果は十分とは言えないようです。社会の変化に合わせた法律の改正は、目的を達するための実効性をともなうことが重要です。

今もなお、夥しい数の子どもたちが、もう一人の親の支援から切り離された「ひとり親家庭」で暮らす現実があります。日本のひとり親世帯が経済的に苦しい状況にあることはすでに触れました。内閣府の『平成26年版 子ども・若者白書』によれば、大人が一人のみ世帯の子どもの貧困率が五〇・八％ときわめて高く、ＯＥＣＤ加盟国中で最悪（少ない方から三三位）です（因《ちな》みに、大人が二人以上の世帯では一二・七％で二四位）。経済的な面だけに限っても、日本の法制度は、深刻な損害を、膨大な数の子どもの人生に与え続けています。

ステップファミリーという名称の必要性とその定義

では、離婚後（または死別後）に親が新しいパートナーを得るとどうなるでしょう。本書のメインテーマである「ステップファミリー」が誕生します。親の新たなパートナーは、子どもから見ると継親です。継親と継子の間に何らかの交流があれば、そこに継親子関係という新たな関係が生じることになります。この継親子関係を含む家族を「ステップファミリー」と呼びます。

それはどのような家族なのかを考える上で、名称をきちんと設定し、定義づけることは重要です。先ほど取り上げた「親権」という名称の問題と同様に、適切な名称を使うことが肝要です。名称に問題があると、現状の課題が隠されたままになったり、議論がかみ合わなくなったりするからです。

日本語の中には、ステップファミリーを指し示す適切な名称がありませんでした。名前がないために、このタイプの家族が社会的に見えない存在であり続けたとも言えます。すると即座に、「子連れ再婚家庭」と呼べばよいじゃないかと反論されることがあります。実際、この言葉はよく使われていて一見便利です。しかし、この名称が何の抵抗もなく使われていることにこそ問題が潜んでいます。

ここで、再婚後の家族に関わる重要な制度として、未成年者の養子縁組に触れておく必要があります（特別養子縁組という制度もありますが、以下の説明は普通養子縁組に限定しています）。養子縁組するためには、通常は家庭裁判所の許可が必要です。ところが、配偶者の子どもや孫などを養子とする場合には、家庭裁判所の許可は必要ありません。つまり、「子連れ再婚」をした親の子どもが継親と養子縁組する場合、公的機関のチェックもなく、届け出だけで成立します（この点、協議離婚と同様です）。この養子縁組には、離婚時に親権を喪失した親の許可も必要ありません。離婚後に別居している実親の知らないうちに、継親が子どもの親権者になったケースも実際にあります。

子連れ再婚した親とその配偶者間のきわめて私的な判断だけで、子どもと養子縁組できるしくみです。養子縁組しない場合、継親子には姻族一親等の親族関係があるだけですが、養子縁組すると新しいカップル（親と継親）の両方が子どもの親権者となります。そして、法律的には親として子どもの扶養や監護・教育の義務を二人が対等に負うことになります。この制度は、子連れ親（単独親権者）とその配偶者（継親）が望めば、子どもの親の一方が空席であるところを継親が簡単に埋める道筋を用意し、暗黙の内にそちらに水路付けているのです。

このように見てくると、第一章で取り上げた結愛ちゃんの家族は、日本の制度の標準コースに素直に従って前進した典型例のように見えます。結愛ちゃんの母親が初婚から順にたどった家族の変遷を思い出してください。その『手記』によれば、恋愛・結婚・出産して核家族を作り、離婚で夫が父というポジションから退出し、単独で親権者となった母は「ひとり親家庭」を作り、その後「子連れ再婚」をして新たな「家庭」を作りました。

目指したのは「ふつうの家族」です。「お父さん、お母さん、娘という憧れの家族」と表現されていました。再婚後には、継父と娘が養子縁組しました。そして、継父の希望によって娘は継父を「パパ」と呼ぶようになりました。この時点で「継父」と「父親」の完全な入れ替えが成立したのです。

もちろん意識的に別の選択をすれば、この標準コースとは別のコースを歩むことも可能です（第四章では、そのような事例を紹介します）。しかし、現状ではそのようなコースに進むためのアドバイスはめったに得られません。そのため、「子連れ再婚家庭」の語が示唆するコースをたどってしまいやすいのです。多様な家族関係の可能性を閉ざす傾向がある「子連れ再婚家庭」という名称は、より中立的で、多様な家族状況を包含できる「ステップファミリー」という名称とは異なります。だから私たちはステップファミリーという名称にこだわるのです。

ステップファミリーとは、端的に言えば、継親子関係を含む家族です。しかし、あえてここでは「親の一方あるいは双方の新しいパートナーとの関係をもつ子どもがいる家族」という定義を提案します。この定義は、法律婚カップルだけでなく事実婚カップルを含め、同居親（親権者）だけでなく別居親の新パートナーとの間にも継親子関係が生じる可能性を視野に入れています。ステップファミリーは、ひとつの家庭内に収まらず、複数の家庭（世帯）にまたがる家族を含みます（第四章で詳しく論じます）。

ステップファミリーという新しい呼称には、単独親権者となって再婚する親の視点に偏った「子連れ再婚家庭」という名称の問題点を補正する意図があります。親が連れてきたパートナーと関係を作らなければいけない子どもの視点からの定義を提案する裏には、子どもの気持ちに親の気づきを促す意図もあります。

夫婦の絆と親子の絆

離婚・再婚という家族の変化は、親の都合と主導で展開します。子どもたちは受け身です。扶養・監護・教育する親権者の意向に従わざるをえない弱い立場です。しかし、親の再婚を経験する子どもの福祉や利益を守ることに対する社会の関心はこれまで低調でした。

本来、自分の子どもの福祉や利益は親が保障するはずとの想定があるからです。その考え方は、離婚後の家族の子どもに対しても同様です。戦後一貫して増加した、「ひとり親」となった母親を社会が支援することで当然子どもの利益も守られると想定されています。

つまり、ひとり親とその子の利益は一体化したセットであり、利害の対立や矛盾はないという想定です。さらにひとり親が再婚した後は、ふたり親となり「ふつうの家族」と同等とみなされています。したがって、ステップファミリーの親・継親と子どもの間には利害の対立が生じる可能性は想定されていません。

親権者が一人に限定されることは、一部の親たちにとってはむしろ望ましいことです。子どもを引き取り、自分ひとりの権限（方針や判断）で子育てしたい親と、子どもに対する責任から解放されたい親という組み合わせの離婚であれば、問題なく合意に至るでしょう。どちらも再婚して別の配偶者（子どもの新しいお父さん／お母さん）を獲得することを想定するならなおのこと、「協議離婚→単独親権→継親子養子縁組」いう一連の制度には合理性があるという主張につながります。

しかし、これはあくまでそのようなタイプの両親にとっての合理性です。子どもの視点に立てば、親の一方が子どもを連れて行くことは、自分の利益のために監護・教育の義務を果たしてくれるはずの親権者の一人（五〇％）を喪失することを意味します。実際には、親権者一人だけでなく、それに連なる祖父母など、子どもの親族関係全体の約五〇％に当たる、子どもを支えてくれるはずの貴重な一群の人たちとの関係が奪われます。両親の婚姻解消という目的のために、（その時点ではその意味を自覚できない）子どもがこうした将来にわたる大きな喪失・損失のリスクを引き受けることになります。

こう考えてくれれば、親の離婚・再婚の過程には、親の権利（自由）と子どもの利益の間に、深刻な矛盾や葛藤《かっとう》が存在することに気づきます。しかし、子どもは黙って親の判断に従っているので見えにくいだけです。改正民法がわざわざ「子の利益を最も優先して」と規定したのは、見えにくい子どもの利益は無視されやすいからです。離婚・再婚は親自身にとっての重要な権利の行使であることは、現代では当然のことです。しかし同時に、親の離婚・再婚によって、子ども自身の福祉に責任や義務を担っている親を失わないよう、子どもの権利を保障する方法が新たな社会的課題となっています。

つまり、大人にとってのカップル関係（解消）と子どもにとっての親子関係の間の利害葛藤を、どのように調整するかという問題です。離婚・再婚が今よりも多かった戦前までの日本には、親と子の権利の対立という問題設定は存在しませんでした。親が子どもに対する権限の所有者であり、子どもには独自の権利が想定されていなかったからです。

子どもが親を失わない権利――国連「子どもの権利条約」

子どもを、単に保護の対象ではなく、独立した権利主体とみなして、新しい原則を明確に世界に示したのが国連の「子どもの権利条約」です。新しいと言っても、一九八九年に国連総会において全会一致で採択されてからすでに三十年以上が経っています。二〇一九年現在、国連加盟国数を上回る百九十六の国と地域で締約されている人権条約です。日本もこの条約を批准しています。批准した一九九四年から数えると、もう四半世紀以上が経過しています。

この条約の重要なポイントは、親が子どもを所有するのではなく、子どもが親を失わない権利を持つという発想の転換にあります。この条約によれば、子どもは、自分の父と母をきちんと知り、父母に養育される権利（七条一項）を持っています。

そして、父母から切り離されない権利（九条一項）、そして一緒に暮らせない場合でも親と交流して関係が保たれる権利（九条三項）を持っています。また、自分の人生に影響を及ぼす大事なことについて自分の意見を表明する権利（一二条）を持っています。そして、子どもの最善の利益に反しない限り、こうした権利を保障するのが国の役割であると、この条約は明言しています。親の離婚や再婚によって、子どもの権利が損なわれないような社会を作ることが国家の責務とされているのです。

親の離婚・再婚のために、子どもが親の一方から養育されなくなり、交流もなくなり、さらにはその親のことを何も知らないような状況、さらに子どもの意見を聞かれずに離婚や再婚が簡単に成立してしまう状況が放置されているとしたら、この条約に反していることになります。条約を締結した国には、そうならないように制度を整備・点検する責任があります。日本はこの責任をしっかり果たせているのでしょうか。

この点、先に触れた二〇一一年の民法七六六条改正で、協議離婚をする両親は面会交流と養育費の分担について「子の利益を最も優先して考慮しなければならない」と初めて法律に明記されたことは、日本における遅ればせながらの前進でした。この民法改正の際には、一連の附帯決議がなされました。その一項目として、親権制度と協議離婚制度について、離婚後の共同親権・共同監護の可能性を含めて、今後検討することが明記されていま す。この検討事項が十年後の今も宿題として残されています。

この宿題に取り組むべく、法務省は外務省に依頼してG20を含む海外二四か国（欧米だけでなく、アジア、中東、アフリカの国々を含む）の法制度や運用状況の基本的調査を行いました。その結果をとりまとめた報告書『父母の離婚後の子の養育に関する海外法制について』が二〇二〇年四月に公表されました。

それによると、単独親権しか認められない国は、日本以外ではインドとトルコだけであり、その他の国々では共同親権が認められていました。ただし、共同親権を認めている国の中には、①原則として離婚後は共同親権とするイタリア、オーストラリア、ドイツ、フィリピン、フランスなど、②父母の協議により単独親権とすることもできるカナダのブリティッシュコロンビア州、スペインなど、③共同の親権行使はまれなインドネシアなど、多様性が見られました。

しかし、ここから見て取れるのは、欧米を中心として、離婚後も共同親権や共同養育を前提とする制度へと移行する世界の潮流です。日本のように協議離婚ができる制度を持つのはサウジアラビア、タイ、中国など少数であり、それ以外の多くの国では子どもの有無にかかわらず協議離婚ができないことも確認されました。世界の多くの国々は、この三十年ほどの間に、子どもの権利条約の精神を自国の法制度などに反映させるため、大がかりな制度改革を（ときに繰り返し）実施してきました。[14] その結果としての各国現行法制度が法務省の調査結果に表れています。

例えば韓国は、かつては日本と同様の協議離婚・単独親権制でした。しかし、二〇〇七年以降に法改正を行い、協議離婚の場合でも（日本の家庭裁判所にあたる）家庭法院が、離婚の意思確認、離婚ガイダンス（義務）、相談機会の提供、子どもの養育者・面会交流・養育費についての協議書の提出（義務）に関わるようになりました。そして、三カ月の熟慮期間を経なければ離婚できない制度に変わりました。共同親権の選択も可能です。[15]

ほかの多くの国でも、親が結婚・離婚・再婚したかどうかに左右されずに親子関係が維持されるよう、国が保障する法律や方策が生み出され、実施され、改善されてきました。

それに対して日本の法改正などの対応は遅れています。こうした現状を受けて、国連子どもの権利委員会は二〇一九年二月、条約締結国である日本に対して、きちんと解決すべき問題をリストアップして勧告しています。その中には、離婚後の親子関係に関する法令を改正して子どもの最善の利益に適《かな》う共同親権を（外国籍の親も含めて）行使できるようにすること、別居親との関係や直接の交流を維持する子どもの権利が定期的に行使できるようにすることが含まれています。[16]

また、子どもの養育費支払いなどをめぐる家庭内紛争において、裁判所命令の法的実効性を強化することも勧告されています。国連子どもの権利委員会は、離婚後に親からの支援が途絶えるケースがあまりに多い現状に、日本政府が十分な対応をしていないとみなし、大変に厳しい評価を下しているのです。

さらに二〇二〇年七月には、欧州連合（EU）欧州議会本会議が日本政府に厳しい要請を決議したというニュースも飛び込んできました。EU加盟国の国籍者と日本人の婚姻関係が解消された場合などに、日本人の親が日本国内で、あるいは海外から、子どもを一方的に連れ去ることを許さないための実効性のある措置を迅速に講じるよう、日本に強く迫る決議がなされたのです。

この決議では、「日本において親による子の連れ去り事例が多数発生していること」から生じる「子どもの健康や幸福への影響」についての懸念を表明し、「日本の当局に対して、子どもの保護に関する国際法を履行し、共同親権を認めるよう法制度の変更」を求めています。[17] 先ほどの国連の子どもの権利委員会からの勧告の中で「外国籍の親も含めて」という但《ただ》し書きがついていたのは、この問題と関連しています。

日本は、先ほど触れた子どもの権利条約に加えて、国境を越えた子どもの連れ去りを禁止するハーグ条約を二〇一四年に批准しているにもかかわらず、外国籍の親の承諾なしに日本人の親が子どもを実家などに連れ去るケースが大きな問題になっているからです。先ほどの欧州議会の決議では、親の一方による子どもの連れ去りを子どもへの深刻な虐待であると明言しています。しかし、日本ではそれが許されてしまうことに国際社会からきわめて厳しい批判が起きているのです。

日本国内の「常識」が国外ではまったく通じないことが多くの日本人に理解されていないために、深刻な国際問題にまで発展しています。その背後には、日本人同士の離婚紛争においても、子どもの連れ去りなどでもう一方の親が子どもに会えなくなるケースが深刻な社会問題となっている現実があります。

古い常識が新しい常識を覆い隠して改革できない日本

おさらいしましょう。日本では、高度経済成長期に広まった「ふつうの家族」の条件の一部が次第に変容して、恋愛結婚が前提となり、離婚が増加しました。その結果、「結婚

↓出産↓ふたり親家庭」という家族の発達段階に続けて、「離婚↓ひとり親家庭↓（ひとり親の）子連れ再婚↓ふたり親家庭（ふつうの家族）」という家族発達段階の追加修正コースをたどる家族が増えました。これが離婚後の標準コースとなりました。

明治期に作られた家族制度の前提を受け継ぐ単独親権制や継親子間養子縁組制度、徳川期の私的離婚観を継承する協議離婚制度などが、全体としてこの離婚後の標準コースの「正しさ」を支えています。そして、こうした制度状況全体が当事者をこのコースへと誘導しています。

一方、子どもの権利条約が明示する理念を重視する多くの国では、子どもの利益を基盤にした、離婚・再婚で子どもが両親との関係を失わないよう保障する新しい制度が作られ、すでに新しい世界標準になっています。国連の条約遵守の点で、また国家間の制度と常識のギャップが生み出す軋轢《あつれき》という点で、日本は国際社会から厳しい批判を受けています。日本国内でも離婚と子どもをめぐる紛争が激化しており、制度改革が（きわめてゆっくりとですが）進んでいるのが現状です。

残念ながら、この問題状況への関心が日本国内に高まっているとは言えません。とくに子どもたちの経験に社会の眼差《まなざ》しが届きません。矛盾する古い離婚・再婚観と子ども中心の新しい世界標準が潜在的にせめぎ合う日本において、ステップファミリーの子どもたちと大人たちは、どのような経験をしているのでしょうか。第三章と第四章では、この点を探った私たちの調査研究の成果を紹介しながら、複雑で多様なステップファミリーの現実を見ていきます。

【第二章註】

（1）落合恵美子「歴史的に見た日本の結婚」『家族社会学研究』一五巻二号、二〇〇四年、三九～五一頁。
（2）黒須里美編『歴史人口学からみた結婚・離婚・再婚』麗澤大学出版会、二〇一二年。
（3）高木侃『増補 三くだり半―江戸の離婚と女性たち』平凡社、一九九九年、二〇頁。
（4）同書、一四〇～一四二頁。
（5）牟田和恵『戦略としての家族―近代日本の国民国家形成と女性』新曜社、一九九六年。
（6）スミス、ロバート・ウィスウェル、エラ（河村望・斎藤尚文訳）『須恵村の女たち―暮しの民俗誌』御茶の水書房、一九八七年（Smith, Robert J. and Wiswell, Ella Lury, *The Women of Suye-Mura*, University of Chicago Press, 1982）。
（7）同訳書、三〇二頁。

（8）土屋敦「『戦争孤児』のライフストーリー―カテゴリーとスティグマのループ」元森絵里子・南出和余・高橋靖幸編『子どもへの視角―新しい子ども社会研究』新曜社、二〇二〇年、一五七～一七一頁。
（9）落合恵美子『21世紀家族へ―家族の戦後体制の見かた・超えかた〔第4版〕』有斐閣、二〇一九年、九四～九五頁（初版、一九九四年）。
（10）広田照幸『日本人のしつけは衰退したか―「教育する家族」のゆくえ』講談社現代新書、一九九九年。
（11）内閣府編『国民生活白書（平成13年度）』ぎょうせい、二〇〇二年、一八頁〔https://warp.da.ndl.go.jp/info:ndljp/pid/2611509/www5.cao.go.jp/seikatsu/whitepaper/wp-pl/wp-pl01/html/13102700.html〕。
（12）二宮周平『18歳から考える家族と法』法律文化社、二〇一八年、五八～五九頁。
（13）二宮周平『多様化する家族と法Ⅱ―子どもの育ちを支える、家族を支える』朝陽会、二〇二〇年、二八頁。
（14）例えば、スウェーデンにおける法制度改革の変遷について、善積京子『離別と共同養育―スウェーデンの養育訴訟にみる「子どもの最善」』世界思想社、二〇一三年を参照。
（15）二宮周平『多様化する家族と法Ⅱ―子どもの育ちを支える、家族を支える』朝陽会、二〇二〇年、三三～三六頁。
（16）この勧告を含む報告書は、国連人権高等弁務官事務所のウェブサイトから入手可能〔https://tbinternet.ohchr.org/_layouts/15/treatybodyexternal/Download.aspx?symbolno=CRC%2fC%2fJPN%2fCO%2f4-5&Lang=en〕。
（17）この決議の日本語仮抄訳と全文（関連資料／英語）は、駐日欧州連合代表部のウェブサイトから入手可能〔https://eeas.europa.eu/delegations/japan_ja/82554/〕。

第三章　「ふたり親家庭」を再建する罠

「新しいお父さん」「新しいお母さん」になるという落とし穴

前章では、日本の離婚と再婚の制度と実態の変遷を見てきました。単独親権制や継親子間養子縁組制度による誘導と協議離婚制度という私的な離婚の伝統によって、離婚・再婚した大人と子どもは、「離婚→ひとり親家庭→（ひとり親の）子連れ再婚→ふたり親家庭（ふつうの家族）」という追加標準コースをたどっていくのが「常識」とみなされるようになりました。「常識」にそってこのようなコースをたどっていくように「罠《わな》」をしかけられているともいえます。この章では、実際に日本のステップファミリーがどのような経験をしているのか、当事者たちの声を紹介しながら考えてみたいと思います。

私たちは、二十年かけて、ステップファミリーの継親、実親（同居親・別居親）、継子それぞれの立場を経験する人たちに、アンケート調査やインタビュー調査を行ってきました。アンケート調査（郵送／メール）では実親と継親一六六名の回答を得て、その回答者の一部が初期インタビュー調査の協力者となりました。そして、再インタビューに応じてくれた方を含め、現在までのインタビュー調査への協力者はのべ一〇〇名に達します。また、ステップファミリーを支援する当事者組織に参加して、さまざまな声を集めてきました。そのなかで明らかになってきたのが、「常識」が邪魔をしてステップファミリーが抱えている問題を見えにくくしていることです。

つまり、ステップファミリーが初婚の家族とは異なる家族構造をもつことが、ほとんど理解されていない。そのため、親が離婚したら両親のどちらかが子どもを引き取って「ひとり親家庭」となり、その「ひとり親」が別の相手と結婚したら子どもの「新しいお父さん／お母さん」ができて「ふたり親」に戻り、「ふつうの家族」のようになる……という常識にとらわれてしまいます。この常識にとらわれて、継父は「新しいお父さん」に、継母は「新しいお母さん」になろうと、そうすればきっとうまくいくはずだと思い込んでしまうのです。

継子の実親のひとりはもういなくなってしまったのだから、継親が親代わりになってあげるのが当然だと。そして、継親と継子は、実親子のような関係を目指そうとするのです。

ところが、このやり方ではうまくいかないことに気づきます。それはいったいなぜなのか。まず、親の離婚・再婚によって子どもたちの何がどのように変化したのか、子どもの視点から考えてみましょう。

親の離婚・再婚を経験した子どもたちの声

私たちは、二〇一二年から一三年にかけて、継子の立場でステップファミリーの家族生活を経験した人たち（若年成人継子）十九名にインタビュー調査を行ってきました。[1] インタビューをした時点ではすでに成人して二十〜三十代の若者になっていましたので、過去を振り返ってもらうかたちでそれぞれの経験談をうかがいました。親の離婚・再婚といっても実にさまざまな経験をしていることがわかりましたが、典型的な事例をいくつか紹介していきます。

インタビュー調査から得た事例を紹介する本書の第三章と第四章では、子どもからみたステップファミリーの複雑な関係性をわかりやすく示すために、生みの親を実親（実父・実母）、そのパートナーを継親（継父・継母）と表します。調査協力者の氏名はすべて仮名にし、個人が特定できないように提示しています。

継親を親として受容できるか

瞳《ひとみ》さん（二十代後半、女性）は、二歳で両親が離婚し、三歳で実父が再婚して継母と同居しました。再婚前から交流があった継母のことを「おばさん」と呼んでいましたが、再婚後は自然に「母親」として受け入れていったと振り返っています。再婚時に三歳であった瞳さんは、両親の離婚や再婚について説明された記憶はなく、母親の役割を果たしているのが実母ではなく継母であることを知らされていませんでした。

継母は教育熱心で「完璧主義《かんぺき》」、学業や成績に関してはとくに厳しく、甘えたという記憶はないと語っています。成長するにつれて友だちの母親との関係と比較するようになり、なぜ母親（継母）はこんなに自分に厳しいのかと疑問を感じるようになりました。

何となく私はこう、あの、すごくこう母親（継母）と距離があって、この、友だちのところのお母さんってすごく仲よくしゃべるっていうじゃないですか。親子が。何か全然違うんですよ。こう……。（自分の継母は）何かこうすごく厳しいというか、冷たいというか。（怒り方が）強すぎるのは感じてましたね、そのときは。

疑問を感じてはいたけれど、どちらかというと大人しく、継母に対して目立った反発・反抗をすることもなかった瞳さんですが、弟の反応は対照的だったようです。幼い子どもたちの「母親」としてしつけと教育の役割を引き受けた継母のやり方が、子どもからすれば厳しいと感じられ、激しく抵抗する様子がわかります。

母親（継母）がすごく、あの、教育ママみたいな感じで、あの予備校とかに入れたりとか、塾に無理やり行かせられてたので、何か弟はすごく反発して、もう学校も行かへんみたいな、塾の教科書を、こう、破ってみたりとかして、うん、閉じこもってましたけど。ご飯は一緒に食べてましたけど（笑）。ご飯食べたらもう部屋でこもっちゃうみたいな感じで。

瞳さんは、二歳のときに別れた実母の記憶はないけれども、興味や関心は抱いていました。しかし、そのことを実父に尋ねることはありませんでした。実父からは実母の悪口しか聞かされたことはなかったからです。実母を称賛するようなことを話せば、瞳さんが継母に懐かなくなると懸念しているからではないかと感じています。

多分あんまり前のお母さんのことを言うと、今のお母さんから離れるん違うかなって多分父親思ってるはずなので、あんまり母親に関しては多分言わないと思いますね。

うん。実はこうやったんやでとは、こう、その、前のお母さんを褒めるっていうことがないので、「だめやった」しか聞いてないので、多分。

現在のステップファミリーを維持し安定させようとする実父（同居親）と継母に配慮して、彼らへの忠誠心から、実母（別居親）への関心や興味を閉じ込めてしまいます。そしてそのまま、再会することなく実母は病死してしまいます。

一方で、一歳で両親が離婚し、五歳で同居親の母親が再婚した健太《けんた》さん（二十代後半、男性）は家族関係が比較的良好だったケースです。当時の継父との関係を回想して、「結構自然でしたね。あの、自然に、『ああそうなんだ。やっぱりお父さんができた』っていう嬉しさのほうがあったのかわかんないですけど、結構自然でしたね」と語っています。

（継父は）結構寡黙な人なんですけど、まあ、あんまりこう子どもたちにベタベタしないようなタイプなので……。（距離を詰めてくるような感じ）じゃなかったですね。一緒にまあ、さっき（言った）みたいに遊園地に行ったりだとか、休みになればどっか遠くに行ったりというのはありましたけど。

（母親はしつけに）うるさいですね。まあうるさいというか、うーん、まあ性格はそんな細かくはないんです。まあ基本的には好きなことやらせてくれましたけど、まあ怒る役目は全部母親でしたね。

健太さんの場合は、同居親（実母）が主にしつけの担い手になっており、継親（継父）はしつけ役割から距離を置いています。そこが瞳さんのケースと違うポイントです。健太さんの同居親（実母）がしつけ役割を担っていることは離婚前後から続いていたもので、再婚後もその関係に変化はありません。

再婚によって後から加わった継父とは、健太さんから頼んでキャッチボールをしてもらった記憶があります。大人（同居親、継親）のほうから距離を詰めてくるような感じはなく、継父は再婚当初から一定の距離感をもって健太さんに接していました。継子が継親を比較的抵抗なく受け入れられた要因のひとつはそこにあるようです。

実父の写真を探しているところを見つかり……

瞳さん、健太さんと同じように、幼少期に両親の離婚と再婚を経験し、同居するようになった継親のことを、基本的には「親」として受け入れて接していたけれど、中学・高校時代の思春期に起きた出来事によって継親子関係が急激に悪化するケースもあります。

美穂《みほ》さん（二十代後半、女性）は、三歳で両親が離婚し、五歳で実母が再婚した当初、継父との関係を「母親より仲がいい」「優しいお父さん」と思っていました。関係が悪化したきっかけは、高校時代に家庭科の授業で「自分史をつくる」という課題が出て、両親の離婚時から絶縁状態であった実父の写真を家で探しているのを継父に見つかったことです。本人は宿題だからと軽い気持ちで探していたのに、継父は美穂さんが実父に会いたい気持ちを持っていると受け取り、大きなショックを受けていたように見えました。

（継父が）「そんなにこの家にいたくないならもう出て行っていいよ」みたいな感じになって。「そんなに前の父親がいいんだったらそっちに戻れば」みたいな話になっちゃって。

ちょっと喧嘩になって、それからしばらく何年かはずっと口も利かない状態だったんですけど、今はもう別に住んでるし、私も大人になったので、多少はしゃべれるんですけど、そんなに何かもう（母が）再婚したての頃の仲よしっていう感じじゃないですね。

継父は唯一の「父親」としてのプライドと自信を傷つけられたのかもしれません。あるいは、「父親」と受け入れられていると思っていた自分が否定されたように感じて、ショックを受けたのかもしれません。そして、美穂さんには実父が存在するという事実や、ふたりの父親が存在するという観念を受け入れられないのです。

見ないように蓋《ふた》をしていた事実を美穂さんに突きつけられて、「ふつうの家族」というフィクションの基盤が崩れたことに強く動揺してしまったのではないでしょうか。でも、美穂さんからすれば、継父との関係は築けていて、絶縁状態である実父よりも愛着を持っていたのに、「出て行け」と言われて深く傷ついたそうです。ステップファミリーの大人と子どもがもつ家族観にギャップがあることが、はっきり表れている事例です。

それ以降、お互いに無視するようになり、継親子関係は疎遠になってしまいます。そのときの母親の反応について次のように語っています。

お母さんに言っても、やっぱりあっち（継父）の肩持つわけじゃないですけど、そんな（に）取り持って、ちょっと「もう一回話そう」みたいな感じにはならなかったから。（お母さんは）何か一応私しかいないところでは、まあ気を遣ってというか、ふつうにしゃべってくれるんですけど、父親（継父）がいるような、こう全員そろったリビングとかではそんなに触れないように、なるべく父親のほうの肩持つというか、うん、そっちに話合わせて、だから余計にもうイライラしてしゃべんなくなったりしてたんですけど。

美穂さんは継父との関係を取り持ってくれなかった母親に対しても深く失望し、その後、高校時代から専門学校時代にかけての五年近く「グレた」そうです。喧嘩など学校で問題を起こして「謹慎」を命じられたこともありました。朝帰りをしていた時期もあり、家の外で気持ちを発散させていました。

継父は「スポンサー」

沙織《さおり》さん（二十代前半、女性）は、五歳で両親が離婚し、七歳のときに実母が再婚して継父との同居生活が始まりました。離婚後に遠方に引っ越した実父は、年に数回沙織さんに会いに来てくれていました。手紙やプレゼントも贈られてきて、安心していたと語ります。その交流は実母が再婚するまで二年あまりのあいだ続きます。しかし、再婚を機に、何の説明もないまま交流が途絶えてしまいます。

沙織さんにとって、実父は「よく遊んでくれる優しい、大好きな父」でした。その実父と前兆もなく急に別れることになりました。その理由が、実母が「再婚するからもう会わないでほしい」と実父に伝えていたためであったと後で知ります。

やっぱりその、大事な父だったので、はい。なので会いに来てくれたのはとても嬉しかったですし、それがその、またいきなりなくなったときは、やっぱり相当母に対して、こう、怒りを感じましたね。

実父との突然の別れという大きな喪失感を抱えているときに、再婚してまもない実母から継父を「パパ」と呼ぶように言われたというエピソードも語っていました。自分にとって大事な実父の存在を軽視して、継父を「父親」とみなすよう求める実母の態度に、怒りと不信感を抱えます。

「今度からあの人がお父さんになるのよ、パパって呼びなさい」って言われて、で、私はそのとき何も疑問に……、うーんと、私の中では、その、パパという人は本当の父ひとりだったので、えーと、その男性の名前にパパってつけて「何とかパパって呼べばいいの？」って何も疑問に思わないで言ったんです。パパは本当の父親ひとりで、別のパパっていう認識だったので。（中略）母親から「何でそんなこと言うの？　パパでいいじゃない」ってものすごく怒られたんですね。

私は当たり前のように、本当の父とは別のところに新しい父（継父）を並べていたんですけど、こう、母の中ではまったくそうでないというか、多分そう、私がそう思っていると思いつきもしないんだろうということがわかったので。

沙織さんと継父との十数年にわたる関係のなかで、継父からは「父親」のようなふるまいもないので怒られたこともなく、反抗や衝突も起こらなかったと言います。沙織さんからも仲悪くする必要はないが仲良くしたいとも思わないというように、双方のあいだではほとんど情緒的交流がなく、一定の距離感を保ったままの関係であったことがわかります。

実母の期待に応《こた》えて継父を「パパ」と呼んでいるけれども、「父親」とは思っていません。沙織さんは、実父への想いを無視した実母への不信感と、会えなくなった実父への思慕を持ち続け成長しました。そのことが、継父との関係を心理的に避ける行動につながり、継親子関係を発達させなかった要因といえるかもしれません。

ただし、継父は生活費や教育費などの経済的側面から沙織さんをサポートし続けており、教育達成（大学院進学）や社会的自立の後押しとなる肯定的な効果をもたらしています。

生活のお金の半分は父（継父）から出ているので、そういう意味ではとても感謝してましたし、ありがたい人だと思っていたんですが、でも、特にその、仲悪くする必要はなかったですけれど、仲よくしようという気もそんなに起こらず。何でしょうね、やっぱりあんまりお父さんとは思ってなかったのかな。「一緒に住んでいる人」とか、もしくは「スポンサー」のような。

継親が「すぐキレ」て激しい暴力

次に紹介する早紀《さき》さん（二十代後半、女性）は、五歳のときに両親が離婚、七歳のときに実母が再婚し、継父と同居するようになります。離婚後も週一回、実父との交流が続いていましたが、再婚を機に引っ越すことになり、実父とは会えなくなってしまいます。実母は実父の写真の全てを捨て、「もう会えない」と言われてからは「会いたい」と口にすることはできなかったと言います。再婚後、同居するようになった継父が、自分と兄二人に対してとった行動を次のように語っています。

まず変な説教から始まりました。（継父を）「おじさん」ってずっと呼んでたんですよ、私。「何で呼べないの？　お父さんって」っていうのを、（継父の）説教が、例えば夜の八時ぐらいから始まったとしたら、小学校二年生の私に朝の五時ぐらいまで延々と。【朝の五時。一晩中っていうことですね。】そうです。寝たら叩かれるので。【ああ、それは辛いですね、相当。】そうですね。で、私が体調悪くして学校休むとかなると何か向こう（継父）も休むんですよね仕事を。だからどんなに熱出ても学校行って保健室で寝てたりとか。【それはお兄さんたちに対しても同じですか？】そう、みんな一緒です。私の場合は顔（への暴力）はないんですけど、お兄ちゃんは目から血出してたりとかしました。

※【 】はインタビュアの言葉です。

呼び名（呼称）は相手とどのような関係にあるかを象徴するものです。早紀さんの場合は、継父みずからが「お父さん」と呼ぶように求めてきました。継父が実父になり代わって、「父親」の地位と役割にあることを早紀さんたちに強引に認めさせようとしているように思えます。「お父さん」と呼ぶように強要したり束縛したりする態度や、「すぐキレる」と激しい暴力を受けた恐怖体験は、成人後もトラウマになっていると言います。さらに、継父からの行動が虐待的なものへと発展しても、自分たちを守ってくれなかった実母に「不信感」を募らせ、「（母から）愛されてると思ってなかった」と語ります。

お母さんも、まあ私でも（継父が）怖くて助けられないと思うんですけど、もちろん（母が継父の行為を）止めることはあるんですけど、いつも止めてくれるわけじゃないので、何なんだろうと思って。

再婚後から始まった継父の暴力は実母にも及んでおり、継父は虐待的行為を通じて家族を支配下に置いていたのです。実母は、早紀さんが十歳のときに夜逃げ同然で住んでいた家を飛び出し、離婚届を出したことによって、継親子関係は終わりを迎えます。実母がとった行動が、継父の暴力から子どもたちを守り、避難させることにつながったケースです。しかし、継父と母親は絶縁しましたが、継父からの虐待的行為から保護してくれなかった不信感から、母親との関係が悪化し、中学時代は友だちと夜間外出し、高校時代は交際相手の男性の家に長期滞在する生活だったと言います。

実母の再婚を機に七歳のときから交流が途絶えていた実父（別居親）とは、成人してから突然再会する機会が訪れました。それまで実母から聞いていた実父は、金遣いが荒い・パチンコ好き・養育費を支払ってくれないなどネガティブなイメージばかりであり、実父に対する思慕や親密な感情はなかったと言います。

（再会したとき）「お父さんだよ」みたいな（笑）。だから何？　って思っちゃったんですけど（笑）。私はお母さんから養育費もらってなかったとか、何かそんな話しか聞いてなかったので、あまりいいイメージ持ってなくて。まぁ、片方から聞いた話だけじゃねっていうのもあったんですけど。（中略）養育費というか、慰謝料みたいな感じで、これだけ払ったんだよとかって言われて、そんなの私が今聞いたってどうも思わないしっていう（笑）。

実父から聞いて、ディズニーランドや遊園地に行った写真や子どもたちの写真や通信簿を保存していたことを知ります。実は養育費を支払っていたと聞かされ、実母から聞いていた話とは別の実父の一面を知ることになるのですが、再会を喜ぶ実父に対しどこか「冷めている」と早紀さんは話します。別れてから十七年間の空白期間を埋められず、再会によって親密な感情が沸きあがることはなかったと振り返っています。

継父も実父も「お父さん」とは言えない……

智子《ともこ》さん（二十代前半、女性）も二歳の頃に両親が離婚し、続いていた実父との交流は実母（同居親）が再婚した五歳のときに途絶え、その後は音信不通となっていました。一緒に住むようになった継父のことは「お父さん」と呼ぶようにと言われ、「この人は再婚してお父さんなんだって思って過ごしてきた」と言います。

体育会系の継父は、たまに体罰もあるほどしつけに厳しく、「自分の子どものように怒ったり自然に接してくれた」と感じる一方で、遠慮があり甘えることはできなかったとも振り返っています。再婚してまもなく生まれた弟妹に対する態度との違いを感じることもありました。

高校三年生のころ、智子さんは進学を希望し、住まいから離れた地域にある大学から合格をもらっていました。しかし、継父は進学の必要性を感じておらず、認めてもらえませんでした。実母も支援してくれず、諦《あきら》めてしまいます。これを機に継父との関係は一気に悪化し、冷戦状態であった家を出て遠方にある会社に就職します。継父には「仲悪い状態だったんで、もう勝手にすれば」と送り出されます。

（この土地に）こだわりがあったわけじゃないんですけど、とにかくもう家を出ようと思って。こう、（親の）手を借りずに生活してみようと思って。

継父との衝突そのもの以上に、そのとき母親（同居親）が自分の進学希望をはっきり応援してくれなかったことに失望していました。智子さんには、当時小学生になる異父きょうだい（弟妹）がいました。継父や継父の両親（継祖父母）から弟妹とは異なる差別的なふるまいをされることもあって、違和感を抱えていました。

弟妹たちは、両親が再婚であることも、智子さんと父親が異なるきょうだいであることも知らされていません。両親と過ごすこの家庭で「自然体」で、継父に叱られても「あっけらかん」と過ごせている弟妹たちを目の当たりにして、智子さんはひとり疎外感を抱えます。大学への進学が断たれたあと、家族から離れるように、あえて故郷から遠く離れた地域で就職先を探しました。進学の夢も応援してくれない母親に対する、諦めに近い失望感が透けて見えます。

継父との心理的距離のある関係が続いていたところに、智子さんは実父と偶然の再会を果たします。智子さんが再会を望んだのは「本当の父親と娘の感じを知りたかった」からです。しかし、十数年ぶりに再会した実父は、「もう完全に他人っていうか、知り合いの人」としか感じられませんでした。

全く写真も見たことがなくって、記憶にもなかったんで、もう初めて会うというか。んー、似てるとも思わなかったし。んー、何か不思議な感じでしたね、ちょっと。

それでもその後は頻繁に実父との交流が続くようになります。実父はすでに再婚しており、異母きょうだいと会う機会もありました。少しずつ関係を深めていくように見えた矢先、実父はすでに病魔におかされていて長く生きられないことを知ります。入院先には頻繁に見舞いに通ったのですが、高校を卒業して就職のため引っ越してまもなく、実父が亡くなり葬儀もすでに終わっていたことを、実母から聞かされるのです。

自分でもその、（実父の死に）あまりショック受けると思わなかったんで、その、予想以上にショックでしたね。その、うーん。だから、そう思うとやっぱり、何か、家族だから特別な気持ちがあるのかなと思いましたけど。

幼少期に別れたまま別居親（あるいは親族）と交流がなければ、継親との関係に葛藤《かっとう》が高まり深刻な虐待的行為が行われたときに、どこにも逃げ場がなく支援者もいないことになります。智子さんのように、継父から進学への理解と経済的援助が得られない場合には断念せざるをえず、自立に向かうための資源を何ひとつ持てないまま成長するしかありません。その当時再会したばかりの実父に相談すれば学費を出してもらえそうだったけれども、継父のメンツをつぶすことになると気遣って、言い出せなかったそうです（実父と再会したことも継父と弟妹には秘密なのでした）。

もし、再婚後も実父との交流が続いていて、父親としての役割を実父と継父が協働することができていたら、進学への理解と支援を受けて希望を叶《かな》えられたかもしれません。進学をめぐって継父との関係が悪化した青年期、そのほぼ同時期に病死というかたちで智子さんは実父との別れを経験しています。再会して交流を深めつつあったさなか、まだ親密な感情を確かめられないまま別れた実父への、大きな喪失感を抱えているように見えます。継親と実親の双方の喪失を象徴する事例といえるでしょう。

まあ全部納得はできてるんですよ。今の戸籍上の父（継父）とか、血縁の父とか、そういう頭の中で全部理解できてて、どっちもお父さんなんだろうなっていうのはわかってる状態なんですけど。うーん。お父さんではないなっていう感じ。（中略）どちらも。本当の意味でのお父さんとは言い切れないっていうか。

現行の法制度下において離婚後の別居親子はまったく交流のなくなるケースばかりかというと、そうでもないようです。早紀さん、智子さんのように、偶然に別居親と遭遇したり、別居親がインターネットで捜し当てて連絡してきたり、逆に子どもが成人してから別居親を捜し当てたり、継親や子どもには内緒で両親が連絡を取りあっていたため、再会できたというケースもあります。

ところが、交流がなくなって時間が経ってからの再会や交流は、長く続きません。瞳さんは、実父と継母が再建しようとしている初婚のような「ふたり親家庭」を崩さないように、別居親（実母）を知りたいという本心を閉じ込めて、再会した実母側の親族とはみずから疎遠になっていきます。早紀さんもまた、同居親（実母）から別居親（実父）について「悪口」ばかりを聞かされて良いイメージをつくれず、成人してから突然現れた実父に興味関心や親密な感情を持てていません。

智子さんは、偶然の再会からほどなくして別居親（実父）と死別となり、関係を深めるチャンスを失ってしまいます。離婚後に別居親との交流が途絶えてしまうため、どこにも支援や逃げ場を求めることができないケースが多数ありました。親子の断絶が、その後の子どもの成長発達にとって、大きな損失をもたらすことをよく理解する必要があります。(2)

お母さんに「守ってほしかった……」

八歳から継父と一緒に暮らした彩《あや》さん（二十代後半、女性）は、継父が思春期の自分と妹に厳しいしつけをしたと語っています。自分が間違ったことをすると厳しく叱る怖い継父を「父親」として受け入れてはいたものの、母親にはその厳しさから自分を「守ってほしかった」という思いを持っていました。しかし、継父の理不尽さを母親に訴えても継父を擁護するばかりで、自分を守ってくれなかったと感じています。

いや、でも直接的に（継父に対しては）言えないんですよ、怖くて。けど、母には言えるから、母に言ってもでも父（継父）の味方で、「何でわかってくれんのん？」って言って。（中略）「ここまですることないじゃん」っていうようなことを（母親に）言っても、「でもお父さん間違ってないでしょう」って。いや、まあそうなんだけどっていう（笑）。（中略）父親（継父）は机の上に（中略）何かが置いてあるとだめな人なんですよ。けど、結構教科書とかいろいろ置いてて、それを全部バーッて落としたりして、そしたらすごい手間かかるじゃないですか、片付けるのに。ここまですることないじゃんっていう、すごいどうでもいい話なんですけど、子どもの中ではもう何かショッキングというか。

彩さんは、自分が継父に直面しなくてすむよう母親に継父との間に入ってほしかったのに、その思いが伝わらず母親と「バトル」になったと言います。そして、「母親って私の中では（継親との）パイプ役だと思ってるから、その役割をしてくれなかったというのはちょっと悲しかったですね」と語ります。

その後、高校時代に恋愛関係など人間関係のトラブルを経験し、不登校になります。転校した定時制の高校を卒業後に精神疾患を発症していると診断され、現在も治療を受けています。今では少しずつ改善していると感じてはいるものの、母親との関係がうまく行かないことを悩み続けており、現在の病気の根本には母親との関係が関わっていると考えています。このケースは、虐待的行為のあった別居親（実父）とは絶縁、同居親（実母）の再婚で八歳から同居した継父からも虐待的行為を受け、実母にも頼れず、また周りに頼れる親族もいません。

結果として、幼いときから身近で信頼できる相手が誰もいない、誰とも愛着関係を形成できなかったことが、現在の病気（精神の不安定さ）につながっているように思えます。

ステップファミリーというと、血縁のつながりのない継親子関係に目が行きがちですが、子どもの精神的健康にもっとも大きな影響を与えるのが同居親の態度や行動です。[3] ステップファミリーがどのような関係を築いていくのかを左右するキーパーソンは同居親です。

同居親は、子ども、継親、別居親それぞれと直接のつながりを持つポジションにあります。継親子関係、別居親子関係、子ども間の（継／異父母）きょうだい関係に介入し、仲介・調整・支援できるのは同居親のほかにいません。継親との対立が生じた際、自分を支持してくれない同居親から裏切られたように感じます。同居親との親密さが損なわれて疎外感を抱えます。継親との関係で苦しんでいるのに（虐待があるケースを含みます）、同居親がそれを察知していながらも保護してもらえません。そして、強い不信、怒り、恨みの感情を抱きます。このような子どもたちの声を、私たちは何度も聞きました。

そして、成人後も同居親との関係に悩み、適応上の問題を経験しているケースや、同居親との関係から距離を取り絶縁状態にあるケースもありました。

継母たちが抱えているストレス

継親が別居親になり代わろうとすると、子どもたちは継親との関係に大きなストレスを抱えていたことがわかってきました。一方で、継親はどのように感じているのでしょうか。継親子関係を継親の側からみると、どのような風景が広がっているのでしょうか。

先述の若年成人継子調査では、主に継父との関係に悩む事例を紹介してきましたが、ここで紹介するのは継母の立場にある女性の語りです。というのも、継親を対象とした調査では、継父の立場にある男性を見つけにくく、十分に調査対象に含められませんでした。それは、男性よりも女性のほうが悩みを対外的に吐露しやすいという、ジェンダー差によるものと考えられます。

現在の日本社会では、離婚後に単独親権を獲得するのは約八五%が実母ですので、離婚後に子どもを連れた実母が再婚することによってつくられるステップファミリー、つまり継父のいるステップファミリーのほうが多いと思われます。しかし、継父よりも継母のほうが継親としてのストレスを抱えやすいといわれています。そこで、継母が語るステップ

ファミリー経験から継親が抱えるストレスを見ていきたいと思います。(4)

「お母さん」として認められたい

二〇〇〇年代に二十二名の継母を対象としてインタビュー調査を行ってきました。事例のうち実母と継子が交流しているケースは三ケースであり、継子調査と同様に離婚・再婚後の別居親子の面会交流が乏しい当時の社会状況が反映されていると思われます。次に紹介する三名の継母のように、実母との交流がないなか、就学前や学童期の子どものいる場合には、なおさら、より「母親」になるという意識が鮮明にあらわれるといえます。

ただ私が一緒に住むのであればお母さんとしての役割を果たしていきたいし。やっぱり(継娘《ままむすめ》が)可哀想だなっていう気持ちが私の中にもあったんですよね。お母さんと別れて、甘えたい時期だったろうにお母さんに甘えることができなくて。(中略)だから私がそれをしてあげられるんだったらいいかなっていう気持ちはあったんですよね。それで、お母さんになってあげられればいいかなって、漠然と思っていたんですけど。(三十代・初婚継母)

普通に一般的にお母さんが子どもにしてあげることをね、体験してやれたらね。自分の子どももやっぱり父親がいないわけですから、一般的な父親のいる家庭っていうのをね、体験させてやれたらね、いいかなっていう。（三十代・再婚継母）

あの人（夫）は自分の子に母親を無くしてしまったっていう罪悪感があると思うんですよ、だんなは。それを、私が来たことで埋まってるって、その罪悪感を埋めることができてるって思ってるんやろうなって。それが重たいんです、私は。（二十代・初婚継母）

「母親」になろうと強く意識していなかったとしても、結婚後に夫（同居親）や継子の祖父母から強く期待されていると気づき、それが大きなプレッシャーとなったと語る継母もいます。その期待に応えようとして「いい母親」になろうとする。専業主婦として子育てに専念するため、結婚と同時にキャリアを捨てて退職したという継母もいました。

「お母さんとしての役割」「普通に一般的にお母さんが子どもにしてあげること」とはい

ったい何でしょうか。母親の役割には、子どもが甘えられるように愛情をかけ可愛がる情緒的な側面と、日々の家事をこなしながら子どもの年齢に合わせた子育て（世話、しつけ、教育）を行う側面があります。途中から家族に加わった継母が継子育ての一切を引き受けていきます。実はここから継母子間（継親子間）の葛藤が始まるのです。次に紹介する三名の継母は、結婚してから家族文化の違いに違和感をもったことを語っています。

本当に日常の細々としたことに口うるさくなっちゃったんですね。で、それがいいお母さんだと思ってたんです。で、やっぱりいいお母さんとして認められたいという気持ちが人一倍強かった。（三十代・初婚継母）

継子の食事のマナーはひどいものだった。だから「直します」ときつく言った。結婚するまで料理なんてできなかったから一生懸命作ったのに、食べてもらえなくて腹が立ってしまった。「おばあちゃんのとこではこんな料理は食べたことがない」とか言われて……（三十代・初婚継母）

私が許していないことをこちら（それまでの夫の家庭）では許されていたりとか。（中略）寝る前にジュースを飲むとか、自分でやらなきゃいけないことというのを大人に「やって」と言ってくる。（継息子は）私にも言ってくるんですけど、私は「自分でやれることは自分でやりなさい」ってしてあげないんですけど、そうするとお父さんがしちゃうんですよね。（三十代・再婚継母）

再婚初期はとくに、継親よりも実親子のほうが関係の歴史は長く、以前の家族経験のなかで生活をともにしてきた夫（同居親）と継子のあいだで深い愛着や習慣、価値観が共有されているのは当然のことです。ステップファミリーとなるまで祖母が孫育てを引き受けていたケースもあります。夫や祖父母は気づかないけれども、途中から継子育てを引き受ける継母は、あいさつのしかた、食事のとりかた、ダイニングでの座り方、お手伝いの順番など、生活の細かいところに家族文化の違いがあると気づきます。

必要以上に甘やかされているように感じたり、しつけが行き届いていないと感じられたりすると、「いい母親」になろうとして継子を厳しくしつけ直そうとします。最初に紹介した瞳さん（九二頁）は、継母によるしつけを「厳しい」「冷たい」と感じていたと語っていましたが、その違和感は継母が「母親」であろうとして背負ったプレッシャーによるものだったのかもしれません。しかし、継子からすれば、今まで許されていたことが許されなくなったり、生活をコントロールされているようにも感じられ、継母に激しく反発するきっかけになります。

「ほかのお母さん、もっとやってます」

継子育てに悩んでも、「母親」となることを求める夫には理解されないばかりか、やり方が悪いと否定されてしまうこともあります。しつけや教育の方針をめぐってカップルや祖父母など世代間で意見の対立も起こりやすく、ある継母が「私は家のなかでいつもひとり」と語ったように、途中から家族に加わった継母が疎外感や孤立感を抱えてしまうのはよくあることです。

家庭内で葛藤を抱えた多くの継母が、助言や情報を求めて公的機関の相談窓口や友人・知人に相談しても、理解や共感を得られないという経験をしています（第一章で見た、結愛ちゃんの母親が児童相談所から適切な支援を得られずに孤立していった状況と似ています）。そこでも「理想的な母親」となることを求められていると知り、さらに孤立感を強めてしまうのです。

「ほかのお母さん、もっとやってます」と。「自分の人生を犠牲にしてでも自分の子を見てます」みたいなことを言われたんですよね。（中略）お母さんはきっと言わなくてもそう思ってるのは当然だからって言わないじゃないですか。でも継母はそう思ってないだろう、育児もちゃんとやらないだろうし愛情もないだろうという前提があるので、それを言われるんだろうと思って。（三十代・再婚継母）

この三十代の再婚継母のように、継子との関係を改善するヒントは何かないかと子育てに関する相談窓口に駆け込んだものの、継母に対する偏見のある回答しかもらえず、ステップファミリーの継親ならではの悩みを理解してもらえない、相談したことでかえって誰にも助けを求められないと知れば、ますます葛藤を募らせ、孤立してしまうことは想像に難くありません。

シンデレラのまま母みたいなことは私もやってるのかもしれへんなって思うときあ

って、すごい自分が嫌になるときってよく、多々あります……（三十代・初婚継母）

継母に期待されるのは「理想的な母親」になることであり、そうなれなければ「意地悪なまま母」というレッテルを貼られてしまう。この継母のように、おとぎ話に出てくる虚像と自分が重なって、深刻な自己否定にもつながっていくのです。

結局、継親が「親」になり代わるというやり方は、継子だけでなく継親にとっても葛藤を生じやすいことがわかります。そして、継親のなかでも、継父よりも継母のほうがストレスが高いという理由がわかるでしょうか。

「継母になることの難しさ」は海外の研究でも指摘されています。その背景には、男性よりも女性のほうが子育てに向いているとか、女性は子どもに愛情を注ぐ母性本能が備わっているはずだというような、女性だけに向けられる役割期待とそれを補強する規範（母性神話、三歳児神話）があるからだと考えられます。公的相談機関の窓口で言われたという、母親とは「自分の人生を犠牲にしてでも」子どもの面倒をみるものだというような発言は、端的に継母に向けられる性別にもとづく役割期待をあらわしています。

もちろん、継父に対して向けられる役割期待もあります。「父親」として経済的な役割を引き受けるだけでなく、生活習慣を身につけさせるため、厳しくしつける役割を期待されています。継父自身も、「親」としての義務感を強めて積極的にその役割を引き受けていくように見えます。継母も継父も、別居親という見えない相手と、どちらが「親」としてふさわしいのか、日々競い合わなくてはなりません。だからこそ、「親」であろうとする自分を否定されると、深く傷ついてしまうのではないでしょうか（九七頁の美穂さんの継父もそのような心境だったのではないかと思われます）。

大人たちの願望としての「ふたり親家庭」

本章では、ステップファミリーの大人と子どもを対象としたインタビュー調査をもとに、継子から見た親の離婚と再婚、継親（継母）から見た継子との関係を順に見てきました。調査事例から見えてくるのは、初婚のような「ふたり親家庭」を再建しようとすると、継子と継親ともに大きな心理的葛藤を抱えてしまうということです。このように、いなくなった実親と入れ替わって、その代役として継親が「親」としての役割を引き受けていくやり方を本書では「代替モデル／スクラップ&ビルド型」と呼んでいます。わかりやすくイメージしてもらうために図（一二五頁）にしてみました。

この図8は、前の結婚で作られた、親と子からなる核家族世帯から親のひとりが除かれ、除かれた実親を継親が補うかたちで同様の核家族世帯を再建するイメージです。「代替モデル／スクラップ&ビルド型」では、離婚の前も後も、また再婚後も、同居している親と子どもで構成される世帯（家庭）に含まれるメンバーだけを「家族」とみなしています。世帯の内と外の間に家族の境界線が明確に引かれ、除かれた親のひとりはもともと存在していなかったかのようです。日本では、離婚後に「ひとり親家庭」となった場合、その親の実家で子どもの祖父母と同居（または近居）するパターンが多いこともこの図に示されています。

このタイプでは、継親を「親」として位置づける代わりに、別居親の存在は無視あるいは軽視されています。それどころか、別居親の存在を言葉にすらできず、タブーとなっていることも多いのです。親や継親は疑うこともなく、子どもに継親を「親」として受け入れるよう求めます。大人側が主導して、この家族モデルを目指して「家族」を再建しようとするのです。その結果、子どもは実親のひとりとその親族との関係をまるごと喪失することになります。

子どもが以前の家族の良い思い出や実親の良いイメージを持っている場合には、それを

図8 家族のかたち「代替モデル／スクラップ&ビルド型」(日本的修正版)

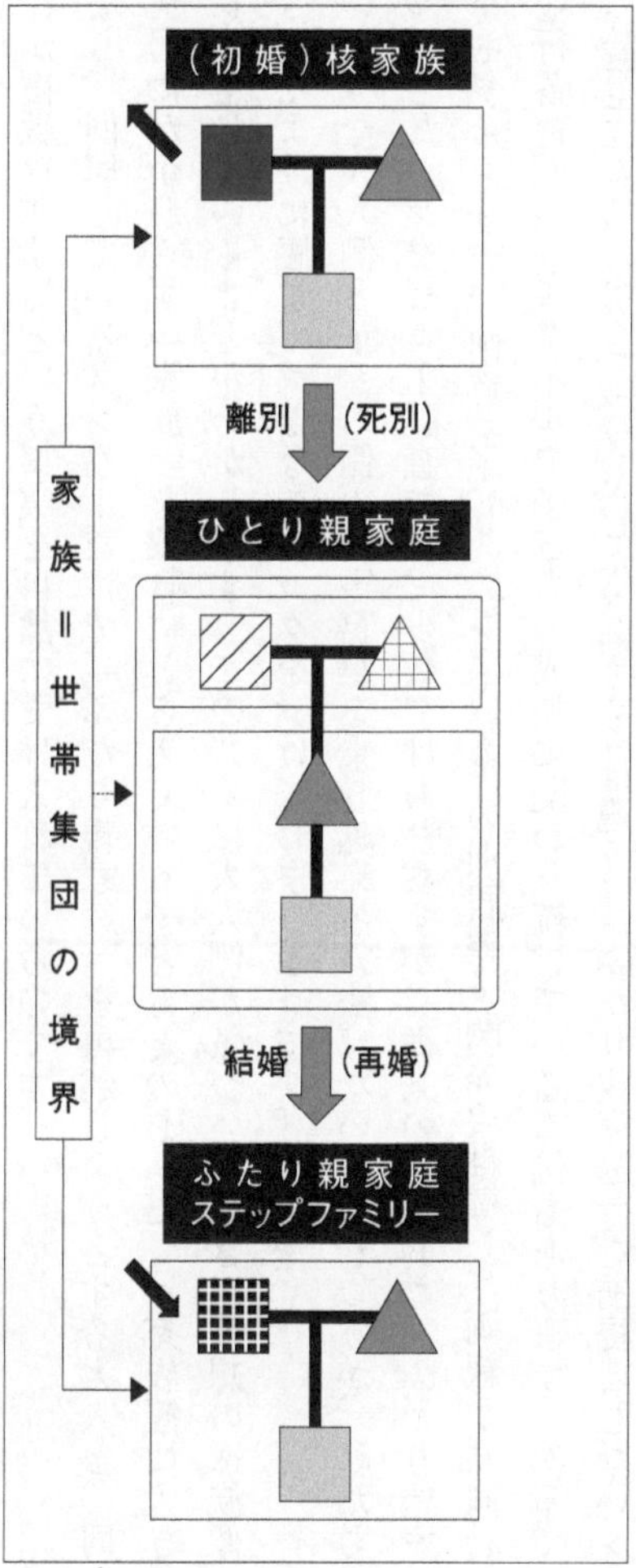

否定するような態度や行動に反発・抵抗するのは当然のことでしょう。美穂さんは高校の家庭科の授業で宿題が出されたから、素直に実父のことを知りたいと思い写真を探しました（九七頁）。沙織さんが継父を「〇〇パパ」と呼ぼうとしたのも、もうひとりパパが増えたと思ったからです（一〇一頁）。大人が想像する以上に、子どもたちは柔軟に、親的

な存在が複数存在するという事実を自然に受け入れているのです。

つまり、同居しているメンバーだけで「ふたり親家庭」を再建しようとする大人と、同居・別居にかかわらず「家族」を柔軟にとらえている子どもとのあいだで、家族観に大きなズレが生じていることがわかります。このズレに大人側が気づいたとき、理想の家族像が崩されたように感じ、大きなショックを受けてしまうようです。

このような大人側と子ども側の利害葛藤を乗り越える方法はないのでしょうか。私たちが行ってきたインタビュー調査では、少数ではありますが、従来の通念的な「ふたり親家庭」をモデルとせず、創意工夫しながら再婚後の別居親子関係を継続し、両親が共同養育・並行養育というスタイルで子どもの成長に関わり続けている事例もあります。次章では、「代替モデル／スクラップ&ビルド型」とは違う、「ふたり親家庭」を前提としないタイプの実践事例をヒントに、ステップファミリーならではの関係形成のありかたを検討してみたいと思います。


【第三章註】

（1）野沢慎司・菊地真理「若年成人継子が語る継親子関係の多様性―ステップファミリーにおける継親の役割と継子の適応―」明治学院大学社会学部付属研究所『研究所年報』四四巻、二〇一四年、六九～八七頁。
（2）菊地真理「継子が語るステップファミリー経験と日本の家族制度の課題」北野雄士編『変化を生きながら変化を創る―新しい社会変動論への試み』法律文化社、二〇一八年、五七～七〇頁。
（3）野沢慎司「ステップファミリーの若年成人子が語る同居親との関係―親の再婚への適応における重要性―」成城大学社会イノベーション学会『成城大学社会イノベーション研究』第一〇巻第二号、二〇一五年、五九～八三頁。
（4）菊地真理「継母になるという経験―結婚への期待と現実のギャップ」家族問題研究学会『家族研究年報』三〇号、二〇〇五年、四九～六三頁。菊地真理『ステップファミリーにおける家族関係の形成と対処支援の研究―継母のストレス対処過程のメカニズム』奈良女子大学大学院人間文化研究科博士論文、二〇〇九年、全一六一頁。

第四章　世帯を超えるネットワーク家族へ

世帯を超えるネットワークとしての家族

第三章では、継親が「親」になり代わって、「ふたり親家庭」を再建しようとすることで、さまざまな葛藤《かっとう》や衝突にぶつかってしまうステップファミリーの事例を取り上げてきました。

一方で、そのような葛藤や衝突を避けながら、離婚・再婚後の家族関係を築いている事例もあります。それは、親の離婚や再婚を経ても、子どもが両親との関係を保ち続けることを前提につくられるステップファミリーです。離婚・再婚後も子どもの両親がともに子どもの養育責任者であることを継続し、何らかのかたちで協力し合うことを目指すタイプです。

親との関係を失わない子どもの権利や利益を尊重する考え方に沿って、離婚・再婚後の家族関係がつくられます。親の新たなパートナーである継親は、親になり代わる存在ではなく、親とは異なる役割や立ち位置から子どもとの関係を作り、子どもの人生に何らかの関わりを持つことになります。

第三章で紹介した「代替モデル／スクラップ&ビルド型」と違って、このタイプのステップファミリーでは親子関係やそれ以外の親族関係（祖父母との関係など）が親の再婚な

図9　家族のかたち「継続モデル／連鎖・拡張するネットワーク型」

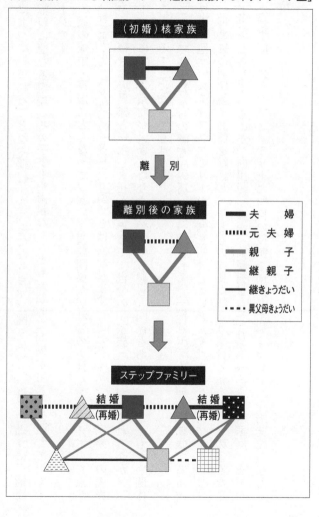

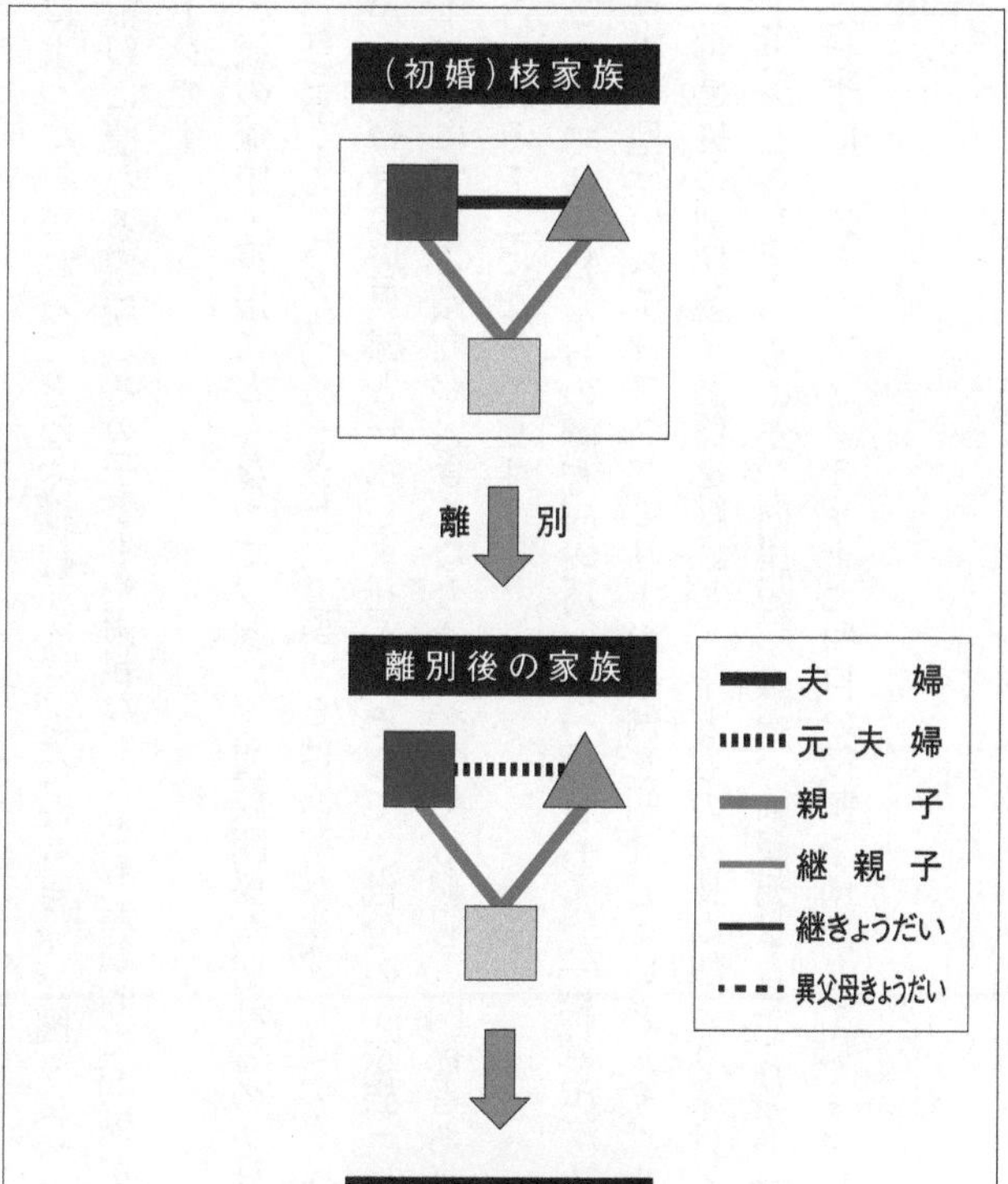

どによって失われることなく継続することになります。図9（一三一頁）のように、継親や継親に連なる親族（その子どもや両親など）とも連鎖的に関係が生じて拡張していくイメージです。

両親の離婚・再婚にともなって、家族・親族関係が切れるのではなく、増えていく点が「代替モデル／スクラップ&ビルド型」とは異なります。このタイプでは「家族」の境界線が「世帯」の境界線と一致しません。そして、自分の「家族」に誰が含まれるかがメンバーごとにずれる傾向が大きくなります。とても親しい関係もあれば、そうでもない関係も含まれることになるでしょう。

この章では、私たちの調査研究のなかで発見した、「継続モデル／連鎖・拡張するネットワーク型」のステップファミリーの事例を紹介していきます。少数ケースではありますが、再婚後の別居親子関係を継続し、子どもの成長に関わり続けるために、どのような創意工夫をこらしているのか。同居親、継親、別居親それぞれが、「ふたり親家庭」をモデルにせずに、ステップファミリーに独自の役割を創出していくプロセスを考えてみましょう。

「おじさん」は、母の夫で、私にとっては相談相手

第三章で紹介した、継子の立場でステップファミリーを経験した人たち（若年成人継子）十九名へのインタビュー調査のなかで、継親を「親」とみなさずに関係をうまく発達させたケースがありました。(1) 四ケースと少数ですが、継親を「親」ではないけれど自分の「家族」の一員であるとみなしています。なぜそのような認識をもつことができたのでしょうか。

美里《みさと》さん（二十代後半・女性）は実父とは死別したあと、小学校高学年のころに実母から「同級生」だと継父を紹介され、一緒に遊びに行くなど交流がはじまりました。中学生になると継父が近所に引っ越してきます。そして成人してから美里さんたちが住む家の隣に住むようになります。実母と継父は入籍しておらず、美里さんは継父と同居したことはありません（食事も別々です）。美里さんの実母はふだん子どもたちと一緒に過ごし、ときどき継父の住む家に泊まりに行くというかたちでパートナー関係を維持しています。

実母は十分な経済的収入を得ているため、自分の生活費や子どもの教育費などを夫（継父）に依存することもありません。そもそも継父に対して、父親として子どもたちに接してほしいという期待をしている様子もなく、呼び方も美里さんやその兄たちの自由にさせ

ています（「ウッチー」というあだ名や「おじさん」と呼んでいます）。美里さんには兄がいるのですが、継父とは「飲み仲間」でフラットな関係であることが読み取れます。継父に対する当初の印象は「母の新しい再婚相手」というもので、「母の夫」だけれども「私の父ではない」という気持ちを現在まで持ち続けています。友だちにも実母の「彼氏」と紹介します。

死別した実父の話題が継父を含めた家族内で出ることもあり、継父も交えて実父のお墓参りにも行っています。つまり、美里さんの家族史に起こった出来事を家族全員で共有しているため隠し事（タブー）がありません。再婚以前の経験や別居親（もうひとりの実親）の存在をタブー視していないところも、第三章でとりあげた継子たちの事例と異なっています。

美里さんは、入籍も同居もしていないけれども、いまでは「おじさん」を「家族」だと思っています。「おじさん」が重要な存在であることは、学生時代に大学を中退するかどうかを悩んだときのエピソードにあらわれています。大学中退という人生を左右しかねない大きな決断について、まず「おじさん」に相談して背中を押してもらうことで、実母に言い出せるようになりました。このような信頼関係の築き方もアリです。

大学に行ったんですけど、ちょっと嫌になってやめようかなってなったときに、「こう思うねんけど」みたいなことを相談しました。（「おじさん」には）「わしは、その、ほんまのお父さんじゃないし、そんな強いことは言えへんけど、まあお前の好きにしろ」みたいなことを言われました。（中略）結局その学費とか払ってくれてるのが母なんで、結局はもう母に言わないとあかんし、結局は母には言ったんですけど、何かいきなり母に言うよりも、おじさんに先言って、こう、間に入ってもらったほうがちょっと何か言いやすかった。

「コバヤシくん」は、ふつうの家にいないおもしろい存在

成美《なるみ》さん（二十代前半・女性）は、小学校低学年のころに実父と別居することになりました。その後も数年は家族旅行をするなど交流は続いていましたが、だんだんと交流が途絶え、高校生になるころに両親は離婚します（数年後に、実父は病死）。その後、実母の友だちとして後の継父があらわれ、突然家に来るようになって、当初は嫌悪感や拒否感を持っていました。その交際相手とできるだけ顔を合わせないようにして、実母に対して彼

（後の継父）には自宅のお風呂《ふろ》を使わせないでほしいと伝えていました。それなのに、継父がお風呂を使っていたことがわかり、約束が破られたと怒りをぶつけます。祖父母にも話して気持ちを実母に伝えてもらい、実母は娘の感情に配慮して、家に交際相手を呼ぶことはなくなりました。

まあそれでも、（現在の継父に風呂を使われて）どうしても我慢できなくなったときがあって、「来ないで」って言って、もう何か家で相談じゃないですけど、祖母、その、母方の祖母とか祖父を呼んで、その、話をしたことはあるんですけど、そのときにもう（彼は）何カ月か来なくなって、母はそっち（彼）の家に行く感じになっちゃったんですけど。

成美さんの実母も、継父とは事実婚の内縁関係を続けており、お風呂事件があって継父が家に来なくなった数カ月のあいだ、実母が継父の家に行くという通い婚のスタイルをとっていました。この冷却期間のおかげで、成美さん自身の態度が変化していきます。

まあ小林さん（継父（仮名））はそんな悪い人ではなかったので（笑）。（中略）まあ、話をつけてから数カ月来なくなったんですけど、母が（彼の家に）行ったり来たりしてるのを見たりとか、ちょっと母がかわいそうかなっていうのが見てたときにちょっとずつ思い始めて、「ああ、コバヤシくん（継父の呼び名（仮名））、来てもいいよ」っていうのを言ったら、来るようになりました。

このように変わったのは、子どもの気持ちを尊重して大人側がその要求に合わせて、パートナー関係のスタイルを柔軟に変更したからだと思います。実母は継父を「親」として受け入れるよう求めることもせず、距離を無理に縮めようともしていません。継親に「親」としての役割を期待することもありません。呼び方も「コバヤシくん」のままです。「来てもいいよ」とゴーサインを出してから再び家にやって来た「コバヤシくん」と、成美さんは少しずつ距離を縮めていきます。大けがを負った交通事故のとき、相手方と交渉してくれて頼りになった。対外的には「父親っぽい感じで出てくるときもある」。でも、父親という意識はなさそう……。ふだんは冗談を言ったりちゃかされたりすることもあって、だんだん「ふつうの家にはいない存在と思うとおもしろい」ユニークな存在だと思うようになりました。それに、「コバヤシくん」がそばにいると実母の機嫌がよくなるから、小言を言われそうなときでも怒られなくて済む（「緩衝材になってる」）。いまでは、急に来なくなったらどうしようと思うほどの存在だと言っています。

帰るのが遅いだったりとか、もうちょっとちゃんとしなさいだったりとか、すごい怒られそうだなっていうときに、コバヤシくんがいると（笑）。

美里さんと成美さんに共通するのは、同居親である実母が、子どもの気持ちを尊重し配慮しながら、ゆっくりと継親との関係づくりを進めていこうとしたことにあります。子どもに無理をさせていないのですね。最初から通念的な「ふたり親家庭」に継親子を当てはめようとせずに、子どもの反応を見て（あるいは仲介に入った祖父母の意見を取り入れて）、その都度やりかたを変えています。トライ&エラーを繰り返して、独自の継親の役割、家族のあり方をつくりあげていくようなイメージです。

実母が「お母さん」で、継母は責任をもって面倒をみる「保護者」

今度は継親の立場から、「親」ではない存在として継子との関係づくりをしてきたという事例を紹介します。

直子《なおこ》さん（四十代前半・再婚継母）は小学校低学年の二人の子どもを連れて夫と再婚しました。夫にも同じ年頃の男の子が一人います。再婚してから七年が経ちますが、ふたりの実子は実父と、継子は実母と、それぞれ離婚時から再婚後も変わらず交流を継続しています。それぞれの別居親と子どもたちとの交流を継続することは、直子さん自身の強い信念によるものでした。

再婚することによって生活環境や名前が変わること、それまで近くに住んでいた別居親とは簡単には会えなくなってしまうことなど、何がどう変わってしまうのかを子どもたちに説明します。そして、この状況について「ある程度はわかっているうえで」、子どもたちの了承を得てから再婚を決断しようとしました。なぜなら、子どもたちが「納得」したうえでなければ、彼らがステップファミリーとしての生活を受け入れられないと考えていたからです。

基本的に実父と実母との関係を断ち切るようなことはしたくなかったのね。離婚をするのは親どうしの都合で離婚したわけで、再婚するのも親どうしの都合で再婚したんで、子どもたちからすれば一緒に暮らしてないけれど、お母さんはお母さんで、お父さんは好きじゃなくなったかもしれないけど、自分はずっと好きなわけじゃないですか。私が（「母親」）とかいうふうに主張してしまうと（実母とのあいだで）板ばさみになったりする……。それはかわいそうだし、嫌だったんです。

継子に対しても同じように、月に一回ある実母との面会交流を尊重し、直子さん自身は「母親」ではない存在として関係づくりをしようとします。双方の別居親子の関係が先にあって、継親は後から継子の人生にかかわることになった大人（第三者）だという事実にもとづいて、考えられているからでしょう。このケースでも、ステップファミリー以前の家族史にタブーはありません。直子さんは継子から「直子ちゃん」と呼ばれていて、責任をもって日常生活の面倒をみるという役割にあると考えています。夫に対しても、元夫との間の子どもたちの「父親」になることを求めることはありません。

本当のお母さんとも行き来してるんで、私があなたのお母さんなのよっていう押し付けはしたくないんで、ただ彼（継子）はまだ子どもで私は大人だから、私はちゃんと責任を持って面倒みるわよだいじょうぶよっていう関係……。あまりだから、お互いが無理に私があなたの親なのよ、みたいなそういう感じにはしなくていいと思って。だから私の子どもたちと（夫）の関係も、無理にお父さんなのよっていうふうにはしなくていいと思ってるんですけど……。

継子の実母は隣町に住んでいることもあり、祝日・休日や長期休暇のときなど面会交流の機会は頻繁にあります（直子さんの実子は、実父が遠方に住んでいることもあり、直接的な交流は年に一回程度）。実母は部活の試合や運動会など学校行事にも参加するため、直子さんと現場で遭遇することもあります。親しくはなくとも、実母と継母が、母親役割を実質的に分担するような関係にあります。継子と実母との交流を断ち切らないことによって、継子からの信頼を得て、継子との関係は安定的に発達していると感じられています。継子の「母親」は実母であって、直子さん自身は「責任をもって面倒をみる存在」あるいは「保護者」であるという肯定的な自己認識は、再婚初期から変わっていません。(2)

最初から母親、お母さんがいますからね。そのお母さんと会うことを禁じてないし、関係を断ち切らそうということを最初からしてないんで。本人にとってはお母さんはそっちですよね。（中略）彼（継子）にすごく何かを求めるということはなくて。……お互いの距離感みたいなものはしっかりできてるし。彼も安心なんだと思いますね。お母さんのところへ行くのに絶対文句も言われないし。（中略）安心してる、そういう面では私に対しては信頼してくれていると思うんですね。そういう意味で言えば、この子たち（実子）に対しても、（夫は）自分を父親と思えっていうことは絶対ないですから。

一緒に住んだことはないけど、実父は「頼りになるお父さん」

別居親との面会交流を継続することを子どもはどのように受けとめているのでしょうか[3]。千《ち》尋《ひろ》さん（二十代前半・女性）は、生まれてすぐに別居した実父とは、同居する実母が二度の離婚と再婚を繰り返してもなお、一年に一回の交流は継続していました。先述した美里さんと成美さんは実父とは死別していますが、実父が健在で面会交流が継続して行われてきたというケースは、十九名を対象とした成人継子調査のなかで千尋さんだけでした。

中学校までは年に一回誕生月の面会を楽しみにして、別れるときはいつも号泣していました。高校生になってからは、メールやフェイスブックなどのSNSを利用して、間接的交流は頻繁になりました。別居の実父が「父親」で、（現在の）同居の継父は「お兄ちゃん」とすみわけをして、二人の存在を肯定的に受けとめています。

まあ一緒には住んでないけど、（実父は）すごい頼りになるお父さん。実際一緒に住んだことはないけど、本当にお父さんっていう感じ。もうずっとそういうふうに感じてます。（中略）私はやっぱりまあ一人目（実父）は、もう普通にお父さん。二人目（一人目の継父）は育ててもらったけども、怖い存在でしかないんで、本当に怖い存在ですね。三人目（二人目の継父）はもうほんとお兄ちゃんっていう感じです。

千尋さんが小学生になると実母が再婚し、最初の継父と数年間をともに暮らします。継父からは、心理的虐待ともとれる言葉の暴力を受けており、そのときの恐怖感は成人してからも拭《ぬぐ》えていません。実母からも幼いときに暴力を受けたことがあり、逆らうことはできない「絶対的王様」と喩《たと》えています。

十代後半で養育放棄にあったときにも、祖母の手を借りながら自活して生き抜いてきました。そのようなときにも実父は、いつも気にかけ、心配してくれる存在であり、自分が将来「親」になったときには役割モデルにしたいと言います（「父親のような母親になりたい」）。年に一回でも、必ず都合をつけて交流を欠かすことのなかった実父は、千尋さんにとって心の支えでもありました。

面倒見もいいですし、だめなことしたらだめだぞって言うし、まあ、本当にお父さんでしたね。

その後、最初の継父と離婚したあと、千尋さんが高校生になったときに実母は二度目の再婚をします。年齢の近い二人目の継父は、ゲームを一緒にやったり、用事があるときに車で送迎してくれたりするなど、「お兄ちゃん的な存在」でした。

実母も二人の継父も、千尋さんと実父との面会交流に口を挟むことはなく、帰宅してから問いただされることもなく、「無関心」だったと言います。少なくとも交流を阻害されるようなことがなかったことも、幼いときから実父との交流が継続していた要因でしょう。

「親」とは違う「継親」の役割を創出する

別居親やその親族との関係が離婚・再婚後も継続していたケースに共通するのは、（死別したケースも含めて）家族史から別居親を消し去ることなく、その存在を当然視していることです。積極的に語ることはなくても、タブー視することはありません。子どもが状況を理解できる学童期・思春期になってからの再婚であったり（美里さん、成美さん、千尋さん）、大人が説明（真実告知）することにより（直子さん）、別居親の存在を当然視したうえで継親子関係をつくるというスタンスにあります。

別居親の親族とつながりがあれば、子どもが知らない記憶や別居親との思い出を伝えてくれることもあり、別居親に対するネガティブな、あるいは過度に理想化されたイメージをもってしまうこともありません。

別居親は、同居する家族関係で生じる葛藤や困難からの避難所になったり、親身になって相談に乗ってくれる相手であったり、キャリア形成のための支援を受けられたり、経済的／情緒的サポートの提供源となって継子の成長と自立を支えることができます。継親は「親」ではない存在として同居親の養教育を部分的に支えることになるため、継親子間で生じる葛藤が小さくなりやすいのです。

しかし、別居親との面会交流が継続していた千尋さんでも、その機会は一年に一回程度に限られていました。幼少期は自分から連絡することもできず、次の再会である一年後の誕生月を待つだけでした。面会交流という考えや支援機関が未発達な日本では、面会交流をしていたとしても別居親との関わりは限定的なものです。もっと頻繁な交流が行われていればより深い絆《きずな》をつくることができたし、さらに支援を得られた可能性もあります。

先に紹介した直子さんの場合は、別居親子が面会交流を継続することによって、同居する継親子関係にも好影響を与えていましたが、面会交流の調整に悩みもありました。継子の学校行事の連絡を実母にするときにも、直接接触しないで済むよう気を遣って手段はFAXにするなど苦慮している様子もあります。

直子さんは同居親という立場もあります。実子たちだけで遠方の実父に会いに行くことが難しいため、日程の調整、交流にかかる費用の分担、将来の教育費の分担についてなどを元夫に直接交渉しなくてはならない苦労もあります。

双方の連絡・交渉を代行するような仲介サービスを利用できれば、費用はかかりますがその負担や苦労が軽減される余地もあります。元夫婦間に葛藤がある場合でも、それをうまく避けることで連携・協働した共同養育のスタイルをつくっていけるかもしれません。ここが現在の制度的限界といえるでしょう。

第二章でも触れたように、同居していない親子の面会交流に関する法制度が確立しておらず、支援サービスも未発達な現状では、面会交流の実施には当事者の自助努力によるところが大きくなります。

元夫婦が離婚後も子どもの親どうしとして子育てに関わる「継続モデル／連鎖・拡張するネットワーク型」の実践は、当事者間で合意がとれず葛藤や衝突をうみだすことも少なくありません。また、別居親と継親が互いの役割をうまく線引きできないまま面会交流を行うことで、「どちらが親なのか」をめぐって互いに競合するような関係に発展する場合もあります。ステップファミリーにおける面会交流や共同養育のありかたを、再婚前後のタイミングで学べるような支援プログラムも必要です。

別居親と継親を両立させるためには、面会交流のための社会的支援制度の整備を検討する必要があります（これについては次章で詳しく述べます）。

離婚した両親が子どもの「家族」であり続ける海外の事例

ここで、日本社会を飛び出して、海外ではどのようなステップファミリーがあるのか、紹介しましょう。海外で行ったインタビュー調査から、「継続モデル／連鎖・拡張するネットワーク型」ステップファミリーの事例を紹介します。北欧のデンマークも一九八〇年代半ばに離婚後も両親が親権を持つ制度を導入した国です。

現在は子どもの利益という観点から離婚後の両親の共同養育責任という考えが浸透していますが、二〇一三年に首都コペンハーゲン近郊に住む六名の成人継子に菊地がインタビュー調査を行った際の対象者には、両親による共同養育責任が法制化される以前に両親の離婚・再婚を経験したケースが含まれていました。(4) 子どもの意向を尊重して、離婚後も親子関係を継続し、同居親の再婚後も、別居親と継親が、連携・協働する共同養育を実践した事例です。

次に紹介するアンナさん（四十代前半・女性）は七歳のときに両親の離婚を経験しました。当初は両親の離婚に納得できず、実父が遠方に引っ越してしまうことに強い怒りを感じていたと言います。癇癪《かんしゃく》を起こすほど動揺していた彼女のために、実父は半年後、再びもとの居住地の近くに戻ってくるようになります。元夫婦は相談のうえ、アンナさんが実父の家を自由に行き来することを制限しないというルールをつくりました。そのことについて、実父は「また自然に生活の一部分を占めるように」なったと表現しています。

最初は母に対して腹を立てたんです、ものすごく。お母さんはバカだと思いました。実際最初の半年間は悲しい思いをしました。母と父が別れるということが分かってきたからです。母は、「お父さんはずっと変わらずあなたのお父さんなんだから、休みになったらまた会えるじゃないの」と説明しようとしました。私は少し癇癪を起していたんだと思います。その状況に対してものすごく怒っていました。それで結局半年後、父も引っ越してきて、私たちと同じ住宅地域内に住むようになりました。そうしたら両親、父と母とが話をするようになって、離婚はしたけれど近くに住んでも問題なくやっていける、ということで同意したんです。

同居親である実母は九歳のときに継父と再婚します。継父は再婚当初に自分の役割を「第二のお父さん」だとアンナさんに表明しました。アンナさんも継父を「追加されたお父さん」として友人に紹介しています。継父は学校の宿題をみてくれたり、帰宅時間が遅いときには注意したりするなど、日常生活のしつけに関わっていきました。

「僕は君のお父さんにはならない、君には君のお父さんがいるんだから。でも第二のお父さんにはなりたいと思うから、僕の言うことも聞いてほしい」と。もちろん彼に対しては私をしつけてくれた人として尊敬しなければいけません。彼自身も、子どもたちから良い意味で尊敬されるように、「君たちの人生に参加することになるけれど、僕は君の本当のお父さんじゃない。決して本当のお父さんにはならないんだよ」と。

「お父さんにならない」という継父の宣言は、彼女が安心して継父を受容することにつながったのではないかと思います。実父と継父は互いに競合するものではなくそれぞれ別の存在だと言うのですから、子どもはどちらかだけを「親」として決める必要はありません。

別居実父と継父、実母（その後実父も再婚したので別居継母も）それぞれが異なる役割を通じて、自分の人生に深く関わってきたと感じられているのです。とりわけ実父は、学校行事にも参加して必要なときには叱るなど、しつけや教育に関わるだけでなく、何か重要なことが起こったとき近くで支えてくれる「ソウルメイト」であり、「いつも別の場所から応援してくれる存在」だと言っていました。

彼（継父）は私にとって追加のお父さんなわけです。そして日常的には彼のことを「お父さん」と呼んでいます。この二人（実母と継父）と一緒に幸せな生活を送ってきた、と言って問題ありません。実際ずっとそうだったし、彼は私のしつけもしてくれました。でも、もし実父がいなければ、私にとっては大きな欠落になっていたでしょう。私の父ですから。別格で、特別なのです。（中略）彼（実父）はいつも私を別の場所から応援してくれる存在で、もちろん私のことを叱ったり、母と同じ側に立つこともありましたが、それでもいつも私の味方になってくれました。

アンナさんの経験からは、①離婚後も別居親と子どもが以前と変わらない形で関係を継続できるように元夫婦が互いに協力し、それを実現していること、②後から家族に加わった継父と継母が面会交流を含む以前の家族のルールを尊重していること、③同居の実母と継父・別居の実父と継母の四人が子育ての主導権をめぐって争うことなく、それぞれが個別の役割を果たし子どもを支えていること、そして何よりも④両親が子どもを奪い合う紛争を一切見せなかったことによって、両親の離婚・再婚によって拡大した家族関係をポジティブに受け止められたように見えるのです。

ここの人たち（同居実母・継父、別居実父・継母）はお互いによく話をしている、と。彼らは決して喧嘩《けんか》をしたこともないし、彼らの間に何かが起こっても子どもたちにそれを感じさせることはありませんでした。

アンナさん自身にとって、実父も継父も重要な存在であることを示すエピソードがあります。結婚式のときに新郎のもとまで手を引いて歩く「父親」をひとり選ばなければなりませんでした。

おそらく、キリスト教の伝統に則《のっと》った家族儀式では、通念的な「ふたり親家庭」が前提とされていたのでしょう。そのときに初めて、実父と継父という父親的役割にある人が複数存在することが問題になったと語っています。アンナさんは、「ふたり親家庭」に典型的な役割関係にとらわれず、挙式では実父が、披露宴では継父が、「父親」としてのポジションに立ってそれぞれの役割を果たしてもらうというアイディアを採用したのです。

結婚式で教会を歩くとき、父が、私の父ですね、が私を導く役になるのは確かでしたが、継父に対してものすごく悪い気がしたんです。何回か牧師に「彼（継父）とも一緒に歩きたい」と言ったんですが、「それはいけません」と断られて、こうすることにしました。教会で一緒に歩くのが父だというのなら、披露宴の時には継父に私の隣に座ってもらって、父は向かいに座ってもらおうと。それがその時できることの精一杯でした。えー……、でもそれが私の人生で急に二人いることが問題になった時ですね。二人いることで良かったことの方が多かったです。

実継母が「リーダー」となって家族のつながりを広げる

デンマークのような共同親権や共同養育の発想に乏しい、いまの日本の社会では、再婚当初から「継続モデル／連鎖・拡張するネットワーク型」を選択肢に入れるのは難しいことです。最後に紹介する恵《めぐみ》さん（三十代後半・女性）のように、子どもを最優先に考えたいと思っていても、パートナーである夫と意見が一致しなければ、その調整に苦労することになります。

恵さんは小学生と就学前の男の子二人、夫も小学生の男の子二人を連れて、再婚して一年になります。恵さんが離婚したのは三年前ですが、その直後から変わらず子どもたちは実父（別居親）と一、二カ月に一度面会交流が続いています。子どもたちにとって実父は、「一緒に遊びに連れて行ってくれる人」「（自分たちを）守ってくれる人」という存在です。実父は、家賃額相当の養育費を支払っており、子どもたちの養教育にかかる経済的費用を負担していました。再婚してからも四人で食事することもあり、元配偶者どうしも何かと相談しあう関係を続けています。

（実父は）やっぱり守ってくれる人っていう感じの立ち位置で、たぶん何かその存在で、仲良しっていって何でも電話とかする感じじゃないんですけど、何かあったときには助けてくれるんだねっていう感じの存在だと思いますね。電話とかをすると、元気？　とか言って普通に話して。

そのため、恵さんは再婚当初から夫に「彼らの父親は彼（実父）だから。で、あなた（継父）は別に父親をやってほしいわけじゃなくて」と伝えていました。再婚後もこれまでおり別居実父と子どもたちとの交流は継続するものだと考えており、「継続モデル／連鎖・拡張するネットワーク型」を志向していたわけです。

夫は「ふつうの家族」になりたかった

一方、夫（継父）は、恵さんの子どもたちの「父親」になることを望み、恵さんにも夫の子どもたちの「母親」となることを期待する「代替モデル／スクラップ&ビルド型」を志向していました（「ご飯は全部ママがつくるし、洗濯もするし、何か全部子どもの面倒見てねっていう感じ」）。夫婦のあいだで家族のイメージが大きく違っていることに、再婚前には気づきませんでした。夫は、恵さんの子どもたちには自分を「パパ」と呼ばせ、自分の子どもたちには恵さんを「ママ」と呼ぶように求めます。再婚と同時に恵さんの子どもたちと養子縁組をして、法律上の「父親」となります。

恵さんは夫の子どもたちとの養子縁組を考えていませんでしたが、再婚によって恵さんは夫の姓になり、子どもたち（実子）は恵さんの旧姓のまま、実親子で一致しなくなることに違和感をおぼえて、縁組を決断します（もし、同一戸籍内で夫婦の別姓が認められていたらこのような苦労はないと考えると、ここにも制度的限界が潜んでいます）。実父は継父との養子縁組をきっかけに養育費支払いを取りやめます。
夫は子どもたちがものごころつく前に離婚していて、以来、別居する実母とは交流がありません。子どもたちにとって実母は「名前も知らないし顔も知らない人」でした。再婚後は夫の期待に添うように、恵さんに母親を求めるようになります。まさに代替モデルです。恵さんの子どもたちに対する母親としての役割と、夫の子どもたちに対する継母としての役割の両方を、同時にこなさなくてはならない、その心理的苦痛を次のように語っています。

（夫の子どもたちは）自分たちの母親から引き離されたって思っていて、元奥さんと絶縁みたいな状態だったので、再婚したらママ争いみたいな。彼の子どもも「ママー」みたいな、そのイメージしてるママを自分もしてほしいっていうんですか？だからみんながママを取り合いみたいになって、こう、身が持たないっていうんですか、みんなでこう、誰かが甘えてくるとみんながわーって来て四人来ちゃうと、もう何か、はーって疲れちゃって、そのバランスを取るのも大変だし、すごくつらくなって、いや、ちょっとこれは違うんじゃないかって思って。

夫の子どもたちの本心

恵さん自身も、小学生のときに両親が離婚しているのですが、別居した実父とは定期的に交流していました。元夫と離婚しても、子どもたちが実父（元夫）と交流を続けることに抵抗はありません。だから、夫の子どもたちが実母のことを何も知らされていないことに疑問をもって、別居親子関係を復活させようと夫の説得を試みます。心のうちを隠しているように見えた夫の子どもたちに、次のように問いかけたのです。

私はやっぱり産んでないから、その同じような愛情はかけられないから、彼らに母親がいるっていうこと、「自分たちの本当のママがいるっていうことをちゃんと伝えてあげて」って（夫に）言ったんですけど、すごい嫌がって。「それだけは嫌だ」とか「会わせたくないし」とか、「ひどい母親で」っていうふうにすごい言ってたんですけど、どんなにひどかったとしても、子どもたちにとっては大事な母親だから、嫌な人っていうふうな伝え方じゃなくてお母さんがいるからねっていうふうに、（夫の子どもたちを実母に）ちゃんと会わせてあげないと駄目だしっていうふうに。

（夫と）喧嘩したときに（夫の）子どもたちに聞いたんですね。で、あの、「自分の本当のママいるんだよ、でも会わせてくれてないでしょう?」って。（夫の子どもたちが）「でも本当は会いたい」とか泣きながら言ってて。（中略）私が子どもに聞いて、そしたら子どもたちも泣きながら「ママに会いたい」っていうのをこう目の当たりにしたので、彼（夫）も「そうなんだ」っていうふうに思って。

夫自身も思春期に両親の離婚を経験していますが、恵さんとは違って、別居実母との交流がありませんでした。離婚後も別居親子が交流を持ち続けるという発想がなかったのかもしれません。そこで恵さんが行方のわからなかった実母を捜し当て、四十年ぶりに夫と実母の再会が実現しました。親子関係の復活は、夫にとって「こんなに穏やかな気持ちで過ごしたことはない」と思えるほど重要な出来事となりました。また、子どもたちにとっても「お母さんって大事なんだね」と気づきをもたらすなど、夫の（常識にそった）固定的な離婚・再婚観を少しずつ変えていきます。

恵さんは、親の離婚によって離別した二組の親子関係（夫の子どもたちと別居実母、夫自身と別居実母）を復活させ、家族の境界をゆるやかに設定しなおします。夫の子どもたちにとって、五年ぶりに再会をはたした実母は、まだ遠慮があって「親戚のおばさん」のように感じられているかもしれないけれど、交流の機会は増えています。実母も数年前に再婚して、再婚相手とのあいだに子どもが産まれていました。夫の子どもたちは、年の離れた異父妹を可愛がっています。実母と会って帰ってきた日は「何だかすごい楽しそうに話して」いるようです。最近の体調や次に会う日の約束など、ＳＮＳをつかって子どもたちと実母が直接連絡をとるようになりました。

別居実母との関係を取り戻しつつある夫の子どもたちは、「（母親的な存在が実母と継母）二人いるんだなってちゃんと分けて考えられるようになって（中略）何か距離感がちゃんとできて」きたと恵さんは感じています。実母とのつながりがあるため、継母との独自の関係の距離感ができ、子どもが安心・安定するようになったところは、直子さんのケースと共通しています（一四一頁）。呼び名も別居実母を「はるこママ」、恵さんを「めぐママ」と呼び分けるようになりました。子どもは柔軟に実母と継母の両方を受け入れていることがわかります。

子どもたち（継子）からの期待の変化によって、恵さん（継母）を苦しめていた、自分の子どもたちと「同じような愛情」をかける「母親」にならなければならないというプレッシャーから解放されることになったのです。

（夫の子どもたちは母親の）顔も覚えてなかったんですけど、再会できて、それでだいぶまた落ち着いたっていうんですか、私に求めるものがそんなになくなって、自分たちも母親がいるっていうのですごく安心したみたいです。

二組の親子で生活空間を分ける

恵さんが挑戦した、ステップファミリーの日常に合わせて家族の境界を設定しなおすアイディアがもうひとつあります。時間帯によって生活空間を分けて、同居している二組の親子で家族の境界線を流動させるというものです。

再婚する前は、お互いの子どもたちどうしは年齢の近い「友だち」として、仲良く遊んでいました。いざ一緒に暮らし始めてみると、「お菓子の分け方とかお風呂の順番とか、もう何か小さいことですぐケンカする」ようになりました。当時は、同じ年ごろの恵さんの長男と夫の二人の子どもたち、夫と恵さんと恵さんの次男で寝室を分けていました。継きょうだいどうしがぶつかるため、「緊張感がいつも抜けない感じ」がありました。継きょうだいに母親である恵さんを取られたと感じているようにも見え、「（恵さんの）子どもたちの気持ちの落ち着く場所がない」という状況でした。

相手の子も自分の子と同じように考えなきゃいけないんだけど、自分の子がやっぱりかわいくて。で何かこう守りたくなっちゃうから、その彼（夫）の息子を、何でいじめるんだみたいな、何で喧嘩するんだとか、責めたりするのもまたつらくて……。

そこで恵さんは、生活スタイルを仕切りなおすために、夫に引っ越しを提案します。ともに暮らしている二組の実親子（恵さんと子どもたち、夫と子どもたち）で、生活空間を分けようと考えます。そして、新しい引っ越し先では、リビングの空間だけ全員で共有することにして、夜になったら実親子どうしがそれぞれの部屋で過ごすことにしました。

２Ｌなんですけど、部屋を、彼の、主人のほうのチームと私のチームに分けて暮らして。だから「シングルパパとシングルママのシェアハウス」みたいな雰囲気にして。

で、リビングを共有スペースみたいにしてみんなで集まってもいいけど、それぞれの部屋に入るときはプライバシーがあるから、みたいな。「入ってもいいですか」ってちゃんと聞いてから入らないとねって言って。

二世帯シェアハウス住宅のようにしてからは、子どもたちどうしが接触する時間も空間も減ったため、物の取り合いなどでケンカすることがなくなったのです。とつぜん一緒に暮らすことになった子どもたち（継きょうだい）のあいだの距離感もできあがってきます（「見守る感じになったりとか、張り合わずに一歩引いて接したりとかできるようになった」）。それぞれ分離した空間で、同居親だけとゆっくり過ごせるようになって、子どもたちが「落ち着いて」きたと感じています。

（夫の子どもたちも）パパ（に）、やっぱり（再婚前は）母親代わりに甘えてたので、そういうのも甘えられるし、密室の空間で私に何も言われずに（パパと）ベタベタベタベタできるし、スキンシップもできるからすごい落ち着いて。

「チームのリーダー」みたいになってきた

夫が目指していた家族モデルの軌道修正（代替モデルから継続モデルへ）、別居する実親子関係を維持・復活させて家族境界をゆるやかに再設定、「親」代わりとならない独自の継親子関係の発達、継きょうだい関係の調整……。恵さんは、ステップファミリーの夫婦関係・継親子関係・別居実親子関係・継きょうだい関係のすべてに介入し、それぞれが無理のない方向へ調整していきます。しだいに家族のなかで存在感が増し、「チームのリーダー」というポジションにあると思うようになりました。

監督みたいになってきちゃって。何か私がいないとすごい不調和になるっていうんですか、みんなこう……、（中略）もうこれはリーダーとして頑張るぞみたいな。家の中でこうメガホンとか持って「集合！」とか言おうかな、みたいなぐらいの。

恵さんからすると、継子は「甥《おい》っ子よりも近い子ども」「親友の子どももみたいな」距離感にあり、「心配したりとか、ちゃんと電話しなよとかっていう感じ」の「監督」のような役割にあると感じています。実子に対する母親役割と継子に対する継母としての役割が、はっきり使い分けられているのです。当然、実母と「どちらが親か」をめぐって競合することもありません。

同居親と継親の果たすべき役割

この章でもたくさんの事例を紹介してきましたが、同居親の役割が大きなカギであることがわかります。成美さんや恵さんのように、継親子間に緊張がはしったとき、同居親が子どもの気持ちを理解し、継親との仲介に入り、必要なときに保護や救済の手をさしのべなくてはなりません。とくに再婚前後の急変期には、動揺する子どもを見守り落ち着かせる必要があります。

同居親と継親が、事実婚と通い婚からスタートするというスタイルがいくつかの事例(美里さん、成美さん)に共通して見られましたが、再婚によって起こる変化を最小限にするための工夫であるように思えます。いずれも、再婚カップルの一方に子どもがいるケースでした。

また、再婚した後に、継親子や継きょうだい間で生じた葛藤を回避するため、生活空間を実親子どうしで分離させる、二世帯シェアハウス住宅というアイディアを実践している事例（恵さん）もありました。こちらは、再婚カップルの両方に子どもがいて、どちらも同居親と継親の両方の立場をもつケースです。

通い婚もシェアハウスというスタイルも、実親子だけの時間をゆっくりとることができます。同居親を継親（や継きょうだい）に奪われたような気持ちにならずに済み、子どもが変化に適応しやすくなる良い選択でしょう。

どのようにすれば子どもに受け入れてもらえるか、子どもの反応を確認し、年齢に合わせて言葉で意思疎通をはかることも大切です（直子さん、アンナさん、恵さんの事例が参考になります）。同居親の役割をひとことで言えば「ゲートキーパー（子どもを守る門番）」でしょう。子どもの声に耳を傾け、気持ちを尊重して、別居親と同居継親それぞれとの関係を維持し、柔軟に調整する、とても重要な役割にあるのが同居親です。初婚家族の親の役割にはない、ステップファミリー独自の親役割を担うことになるのです。

また、自分は「親」ではないと考えている継親たちに共通する傾向は、現在のパートナーが離死別した元配偶者（子どものもうひとりの親）をタブーにしていないことです。これはつまり、ステップファミリーにおいても、子どもへの「真実告知」が重要であることを意味しています。何も知らされないままに、別居親との関係が途切れ、失われてしまうのは、子どもにとって納得いくものではありません。むしろ、子どもが親についての事実をきちんと知ることで、そうした安心感が継親を受け入れる余地をつくりだしているように見えます。

直子さんや恵さんの事例では、継子が抱える別居親への思いに気づいた継母が、別居親（実母）との関係を損なうことがないよう、親子関係を維持するためのサポートや調整役を果たしています。継子からすれば、「親ではない」けれども重要な存在として、信頼や愛着が形成されていく重要なきっかけとなっているように思えます。

継親は「親ではない」という認識が、実際の生活スタイルに結び付いているのが興味深いところです。継親の呼び方（あだ名やニックネーム）、婚姻制度・縁組制度とのかかわり（再婚カップルは事実婚を選択・継親子間養子縁組はしない）、居住形態（通い婚・二世帯シェアハウス住宅）、家計分担の方法（同居親が経済的収入源をもち生活費や養教育費を折半する・別居親が養教育費を負担する）など、通念的な「ふたり親家庭」にこだわらない試みが随所に見られます。継親との関係は継子のペースに合わせて築いていく、継親をどのような存在として受けとめるかは継子の自由に任せるというスタンスも似ています。そして、継子が継親との関係を肯定的に評価しているという共通点もあります。

両親以外にも、信頼できる多数の大人（祖父母を含む）が身近でかかわり続けてくれることは、子どもにとってもメリットです。このような家族関係の作り方によって、通念的な「ふたり親家庭」にはない、家庭（世帯）の境界を超えたネットワーク家族という、ステップファミリー独自の強みが増し、子どもたちの育ちにも恩恵をもたらすといえるでしょう。

【第四章註】

（1）野沢慎司・菊地真理「若年成人継子が語る継親子関係の多様性―ステップファミリーにおける継親の役割と継子の適応―」明治学院大学社会学部付属研究所『研究所年報』四四巻、二〇一四年、六九〜八七頁。

（2）菊地真理『ステップファミリーにおける家族関係の形成と対処支援の研究―継母のストレス対処過程のメカニズム』奈良女子大学大学院人間文化研究科博士論文、二〇〇九年、全一六一頁。

（3）上記、（1）に同じ。

（4）二〇一三年度スカンジナビア・ニッポン　ササカワ財団より研究助成を受けて行った「流動するパートナー関係と育児期の親子関係―デンマークにおける子育ての実態調査」での事例。事例の紹介について、共同研究者の青木加奈子氏（京都ノートルダム女子大学）に了解を得た。

第五章　ステップファミリーの未来へ

——どのような支援と制度が必要か

対立する二つのタイプのステップファミリー

前の二つの章では、私たちの調査事例を詳しく紹介してきました。何がステップファミリーの家族形成を難しくしてしまうのか、逆にステップファミリーの子どもと大人がよい関係を築き、幸福を感じられるのはどのような場合かについて、すでにいくつかのヒントが浮かび上がってきました。

この最終章では、こうした発見が国内外の研究動向といかに関連しているかを見ていきます。その上で、当事者の大人と子ども、それを支える周囲の親族や友人、専門家などに向けて、このユニークな家族の作り方、支援のしかたについて提案・助言を導きます。

すでに見てきたように、ステップファミリーと言ってもその家族形成の道筋は多様です。その多様さに分け入っていくと、大きく二つのタイプが見出《みいだ》されました。

一つは、従来型の「代替モデル／スクラップ&ビルド型」です。このタイプでは、一緒に暮らす世帯（家庭）のメンバーのみを家族の単位とみなし、婚姻カップルの二人だけが親であり、婚姻関係が解消されたら両親の一方は排除され、一人だけが親になります。その親が再婚したら継親ができ、それが「新しい親」として排除された親を代替します。両親と子どもから成る世帯が再現されるパターンです。

もう一方の新しいタイプを「継続モデル／連鎖・拡張するネットワーク型」と名づけています。離婚・再婚後も親子関係は継続します。家族は、複数の世帯にまたがる関係のネットワークとして存続し、継親などがそのネットワークに加わることで拡張する家族です。

この二つの考え方は、社会の中だけでなく、一家族の中でも並立したり、対立したりしていることがあります（第四章の恵さんの事例など）。一般に、親と継親のカップルは、「代替モデル／スクラップ&ビルド型」を目標として急いでしまう傾向があります。子どもたち（と別居親）は、「継続モデル／連鎖・拡張するネットワーク型」のようなかたちを望んでいるのに受け入れられず、悶々《もんもん》としてしまうことが少なくありません。そのため家族内に衝突や競合、複雑な負の感情が生じがちです。社会の中にも混乱と戸惑いが生じています。その解決の道筋を理解する上で、この二つの家族モデルの対比が役立ちます。

ステップファミリーは、いわゆる「ふつうの家族」とは異なりますが、劣った家族ではありません。従来の家族観や固定観念にとらわれずに、「継続モデル／連鎖・拡張するネットワーク型」という子ども中心の新しいタイプの家族を形成していけば、「ふつうの家族」には見られない独自の強みを発揮し、子どもたちにポジティブな効果をもたらす可能性があります。それを促進するために社会制度をどう変えるかを提言することも、この章の目的です。

「非現実的な期待」を抱きやすい親と継親

第三章では、「代替モデル／スクラップ＆ビルド型」と名づけた従来のパターンに沿った家族づくりを親や継親が目指した場合に、子どもたち（そして大人たち）がどのような困難に直面するのかを見てきました。ひとことで言えば、継親と継子は血縁がないけれども「親子」であり、すぐに愛情や愛着を感じるはずという暗黙の前提に立って、関係づくりを急ぐパターンです。

アメリカのステップファミリー臨床家は、新たなカップルがこうした「非現実的な期待」を抱きやすいことを早くから指摘してきました。[1] これは、世界のステップファミリーによくあるパターンなのです。

理想の家族に向かって努力しているのに、目標が期待通りに実現しないと、家族の中の特定の誰かに問題の原因があると考えたくなります。子どもの親としての役割を果たそうと努力している継親に対して継子が反抗的な態度を示したり、問題を起こして面倒をかけたりすると、継親がその子どもに問題があると考えることがあります。

家族目標の無理（非現実性）がその子ども個人の問題へとすり替えられるケースです。複数の兄弟姉妹のうち一人だけがとくに繰り返し面倒を起こし、他の子どもはそうではないケースがよく見られます。そのため、ますますその特定の子どもに問題があるかのように見えるのです。しかし、子どもたちは、年齢・性別などの違いによって家族の変化への反応が多様です。

また、他の子どもや大人の言動・反応の影響を受けて自分の行動を取ります。したがって、一つの家族内の兄弟姉妹間に多様性が見られるのは、ステップファミリーに限らずノーマルな出来事です。

離婚後に「ひとり親家庭」を経験してきた同居親は、今度こそしっかりしたカップルの絆《きずな》を築きたいと期待していることも多いです。親としての心情とは裏腹に、「ふたり親」チームの相方となったパートナー（継親）と協力関係を保ち、その子どもに対して厳しく教育・しつけをしようとする継親に同調してしまう傾向があります。それがエスカレートして子どもを追い詰めたケースを第一章や第三章で紹介しました。

そのような場合に子どもは、自分の味方だったはずの母親（父親）が、抵抗・敵対している継親のチームへと移籍してしまったように感じ、親に対して大きな喪失感・不信感・

孤立感を抱くのです。

一方、継子を愛せない継親がパートナーや周囲からその人格や能力に疑念を持たれ、非難されることがあります。夫妻間に対立や溝が生じることもあります。継母の場合、継子を本当の子どものようには愛せない自分は「シンデレラのまま母」のように意地悪な人間なのではないかと自らを責めます。心身の健康をひどく害してしまう例もあります。

しかし、多くの事例を集めてみればわかることですが、「継子をわが子のようには愛せない」のが現実です。非現実的な期待に取り囲まれてしまうと、継母や継父はシンデレラのまま母のような態度や行動へと追い込まれても不思議はないのです。それが継子に、そして同時に継親にも、ときに強い負の感情をもたらします。

このタイプのステップファミリーがこうした困難に直面した際に、家族内の誰か一人を責めても問題は解決しません。それはむしろ苦しみや対立を深めるだけです。

そのことを本書では、落とし穴や罠《わな》と表現してきました。大人たちは、結婚している父母とその子どもだけを含む「ふつうの家族」のようになろうと強い希望と期待、あるいは夢を抱いています。子どもたちは、大人たちが「ふつうの家族」であるかのように振る舞うので、それに従って家族を演じる努力を強いられます。

例えば、継親を「お父さん／お母さん」「パパ／ママ」と呼ぶようにと親から言われます。子どもは抵抗を感じることが多いですが、親や継親はその心情に気づきにくいのです。そこから家族の中に歪《ゆが》みや溝が生まれます。ポジティブな気持ちで「ふつうの家族」に邁《まい》進《しん》するほど、ネガティブな感情に取り囲まれるという逆説的な現象です。

「うちはそうじゃない」と言う声も聞こえてきます。確かに、子どもが幼少の時期にステップファミリーになったケースなどでは、継親が子どもの唯一の父／母として振る舞い、まるで実の親子のように感じられることもあります。かつては、親が子どもに、死別・離別した血縁の親がいる事実を知らせないことも少なくありませんでした。私たちの調査でも、血縁の親の存在を子どもに知らせていないケースが複数ありました。

しかし、子どもたちが成長の過程や成人後に、自分のルーツである血縁の親やその親族（祖父母など）に関心を抱くのもノーマルな現象です。子どもが思春期に達した後で、事実を知ったり、もう一人の親への関心が表面化したりすると、タブーの上に成り立っていたフィクションの家族像が大きく揺らぎ、親子・継親子の信頼関係の危機を経験します。

このタイプの家族では、事実を覆い隠しているために、そうしたリスクをつねに抱えていると言えます。

では、どうしたらよいのでしょう。基本的には、「ふつうの家族」というフィクションと決別し、「事実」に基づく家族関係の実現を目指すことです。事実を歪めて子どもに伝えたり、フィクションに従わせたりすると、その影響は日々のストレスとして表れます。事実に基づくとは、研究などで確認された情報に基づいて判断することでもあります。家族や子どもの研究からどのような知見が得られているか、大きな流れを確認してみましょう。

離婚・再婚は子どもをダメにする？

ひとり親家庭の貧困問題についてはすでに触れました。高校生や中学生から回答を集めて分析した日本国内のいくつかの社会学的研究からは、親の離婚・再婚はそれ以外の点でも子どもたちに不利な影響を及ぼしていることを示しています。

親の離婚・再婚を経験した子どもたちは大学進学を希望する率が低く、(2) 実際にひとり親家庭やステップファミリーの子どもたちは高校や大学への進学率が低いのです。(3) また、親の離婚・再婚を経験した子どもは、親子関係の良好度が低いという報告もあります。(4) しかも、単に離婚後の経済的な困窮だけが要因なのでなく、家族内のストレスがこうした違いを生んでいると指摘されています。

ひとり親家庭の子どもたちの教育達成の不利は、他国でも早くから確認されています。子どもたちが勉学や学校生活にうまく適応し、進学していけるかどうかは、将来の生活水準などの差をもたらします。子どもたちの福祉や利益に深く関わる重要な問題がここにあると指摘されてきました。

進学の面だけでなく、子どもたちの心理的な面での影響もいくつかの研究で調査されています。親の離婚を経験した大学生は、そうでない学生に比べて自己肯定感が低く、親和不全（他人との間に壁を感じ、うち解けられない傾向）が高いこと、[5]また親子間の信頼感が低いこと、[6]などが見出されています。全体として、親の離婚を経験した大学生は、心理面と親子関係に関してネガティブな影響が見られました。

こうした他の研究の結果は、第三章で紹介した継子たちの事例と重ね合わせてみると、よく理解できます。親子間、継親子間、夫妻間に深い感情的な溝が生じている家庭には、子どもたちの居場所がないと感じられるようになります。

これでは家で落ち着いて勉強する気持ちにはなれません。学校でも、安定した家庭環境の級友たちが集う教室には居場所がないと感じるかもしれません。親の離婚・再婚が子どもたちの心理面と教育達成の面の両方で不利な結果を生むことがありそうです。

しかし、親の離婚・再婚は子どもに悪影響を及ぼすと結論づけてしまうのは危険です。すでに紹介した調査結果は、親が離婚（再婚）した子どもとそうでない子どもを比較したものであり、あくまでグループ全体の傾向や平均値の比較です。どちらのグループにも、教育達成が非常に高い子どもから非常に低い子どもまで、多様な子どもたちが含まれています。

私たちがインタビューした十九名のステップファミリー出身の若者の中には、精神的健康状態がよく、有名大学や大学院に進学した人が何人も含まれていました。多様性に注目すると、子どもたちへの負の影響を回避する条件についてのヒントがつかめるはずです。

父母との関係継続が子どもたちを支える

実は、先ほどの大学生を対象とした研究には話の続きがあります。親の離婚を経験した大学生の自己肯定感が低く、親和不全が高いことを示した研究は、離婚後に別居親との面会交流があるグループだけを取り出して比較すると、離婚経験のないグループと差がないことを示していました。(5)

また、親の離婚を経験している大学生はそうでない大学生より親子間の信頼感が低いことを見出した研究でも、面会交流がある場合は父親との信頼感が高く、とくに宿泊つき面会交流は満足度が高いことが導かれています。(6)

さらに最近では、幼いときに父母の別居・離婚を経験して母親と暮らした若者たちを対象とした研究が、離婚後に両親が対立を抑え、協力することが子どもたちにとって重要であることを検証しています。(7) 両親が協力的であると、子どもが別居親および同居親との関係を高く評価し、それがより健全な自己形成や精神的健康をもたらす傾向が確認されました。

逆に言えば、別居・離婚後に両親が対立を激化させ、協力関係を作ろうとしない場合、子どもは別居親との関係を失ったり、同居親との関係を損なったりして、自己否定的な傾向を強めることになります。その結果、自尊の感情が低くなり、精神的健康も損ないやすいのです。

これらの研究を全体としてみれば、両親が子どもとよい関係を継続できるよう協力しようと努力することが、子どもの健全な育ちにとって重要であることを示しています。親の離婚と言っても、その後の親子・父母の関係のあり方によっては、一般に考えられているような子どもへの悪い影響は生じないのです。

離婚後の親が再婚するときに、別居親と子どもの関係が再度危機に直面します。そこで両親が対立し、結果として別居親との関係が途切れることになれば、それは子どもたちの精神的健康や福祉にとっての再度の危機です。そこで「継続モデル／連鎖・拡張するネットワーク型」を目指せるかどうかが、親に問われています。

世界は子ども中心の関係継続ネットワークを目指す

一九八〇年代には、アメリカなどを中心に離婚と子どもに関する研究結果が蓄積され、子どもたちが親の離婚・再婚を経験する過程で、親との関係が失われたり、損なわれたりして不利を被りやすいことが認識されるようになりました。

そのような認識に基づき、第二章で触れたように、一九八九年に国連で子どもの権利条約が採択されました。子どもを、親とは独立の権利主体であるとみなし、それを国家が保障するという原則を提示した条約です。自然に放置しておけば、両親の争いに巻き込まれ、どちらかの親との関係を喪失するリスクを抱えた、弱い立場にある子どもの権利が奪われないように、国家が保障するしくみをつくるという考え方が新たなグローバル・スタンダードになったのです。

このような潮流の中で、多くの国では離婚と子どもに関する法制度の改革が進められたことも第二章で触れました。そもそも欧米などのキリスト教国は、宗教的な理由から離婚自体が認められない社会でしたが、二十世紀の半ば以降になって、離婚を容認する方向に法制度が変わりました。

その後、そうした国々で離婚が急増したことにともない、子どもの監護をどうするかが問題になりました（当時高度経済成長期を経験していた日本では、離婚・再婚を否定的に見る少離婚社会が出現していたことは皮肉です）。西洋社会でも、とくに幼い子どもであれば、離婚後は母親が単独で監護することが一般的でした。父親は、毎週末に子どもと会い続けるか、次第に会わなくなってしまう存在でした。

しかし、上記のような研究結果に基づいて、子どもの権利に関わる世界的潮流が変化すると、子どもから切り離されたくない父親たちの社会運動の影響もあり、離婚後も父母が（日本流に言えば）「共同親権」を持つ方向へと法制度が改正されていきました。

アメリカでは、基本的に子どもの監護権を法的監護と身体的監護の二つに分けて考えます。法的監護は子どもに関わる重要な決定権を持つことを指す概念で、日本の親権と一部重なります。この法的監護は、今では離婚後も父母が共同で行使することが原則となっています。

ときどき、ハリウッド映画スターの離婚報道などで、夫妻が「親権」を争っているかのように伝えられるので、アメリカも日本と同様に単独親権制なのかと誤解されやすいですが、法的監護権は基本的に共同です。現在のアメリカで争われるとしたら、身体的監護（一緒に暮らして子どもの世話をすること）を父母がどのように分け合うかという点です。子どもは一方の親と同居して、もう一方の親と定期的に会う（面会交流）というこれまでのパターンの場合、基本的にどちらと同居するかを決める必要があります。また別居の親とどれくらい過ごすかを決める必要もあり、それでもめる可能性があります。しかし、いわば法的・身体的監護の両方をどちらか一方の親だけが得る日本の現状とは大きな落差があります。

父母どちらの家でも、三分の一以上（一カ月あたりにすると十日以上）暮らすパターンを、身体的共同監護（あるいは共同養育）と呼びます。今では離婚後の父母による身体的共同監護（共同養育）の実践例は徐々に増えつつあり、アメリカの州によっては子どものいる離婚の三割から四割、スウェーデン、ノルウェー、オランダ、ベルギーといったヨーロッ

パ諸国では三割から五割に上ると言われます。(8)

西洋諸国の離婚後の家族に関する制度や実態の長期的変化を研究したオーストラリアの家族法学者、パトリック・パーキンソンは、かつて解消不能だった婚姻関係が二〇世紀に解消可能になった一方で、親子関係は解消不能という理念が社会に浸透したと述べています。(9)

両親が婚姻関係にあるかどうか、離婚後に親が別の相手と婚姻関係を持ったかどうかとは関係なく、親子関係は継続し、父母の両方が子どもをケアし、支える義務を負い続けるという原則が世界の新しい常識となったのです。この潮流は次第にアジアの国々にも広まり、その制度や常識も変わりつつあることは第二章で触れました。

このような子ども中心の視点に立つ、世界的潮流の先に登場しつつある新しいステップファミリーのかたちが、「継続モデル／連鎖・拡張するネットワーク型」です。

世帯を超えるネットワーク家族の可能性

この「継続モデル／連鎖・拡張するネットワーク型」に近い考え方を早い時期に提案したのが、アメリカの家族療法家・家族研究者のコンスタンス・アーロンズです。離婚後の法的共同監護が広まり始めた一九七〇年代末にアーロンズは、両親が離婚しても「核家族」が崩壊したとはみなさず、「核」（両親）が二世帯に分離（別居）した後も子どもを介してつながる両親とその子どもを一つの「家族」だと主張しました。彼女は、このモデルを「双核家族（binuclear family）」と名づけました。この考え方を、再婚後にまで時間軸を延長したのが本書の新しい家族移行のモデルです。

アーロンズはその後、実際にアメリカの離婚後家族がどうなったかを長期的に追いかけました。アメリカでは、二〇世紀前半に支配的だった「幼い子どもの監護は母親に委《ゆだ》ねる」という原則が、一九七〇年代に入ると「子どもの最善の利益」という原則に置き換えられます。その結果、多くの州で法的共同監護（共同親権）が前提とされるように変わりました。[10] 彼女は、そうした変化が進行した一九七九年に、約一〇〇組の父母とその子どもに対する調査を行い、その二十年後に成人した子どもたち百七十三人（その九五％は親の再婚も経験）に再度インタビューした結果を『私たちは今でも家族』という本にまとめました。[11]

この調査の重要な発見は、離婚後の父母の協力がその後の親子を含む家族関係の良好さと関連していたことです。この点は、先に触れた日本の最近の研究成果とも重なります。

また、成人した子どもたちの大半は、親の離婚や再婚を肯定的に受け止めており、家族変化にうまく適応していたこともわかりました。離婚後も両親が子どもに継続して関わる方向へと早期に制度的な舵《かじ》を切ったアメリカ社会では、親の離婚・再婚が子どもの成人後にまで続く長期的な不適応をもたらすケースは、少数であることが確認されたのです。

最近では、離婚後の父母の協働・連携のレベルがさらに高い、身体的共同監護（共同養育）の研究も海外では増えています。この問題を専門とするアメリカの心理学者、リンダ・ニールセンは、次のように報告しています。身体的共同監護（共同養育）と身体的単独監護の子どもたちの心理的状態、精神的健康、学校生活状況などを比較した六十の研究の大多数が、身体的共同監護（共同養育）が子どもたちによい効果をもたらすことを示していると。(8)

ステップファミリーについての研究でも、例えば、同居する継父と別居する父親のどちらかだけではなく、両方と親密な関係にある子どもたちの方が学業成績や適応状態がよいことを示す研究などがあります。(12)

つまり、一方の親（と継親）としか生活をともにできない家族環境よりも、両親との強い絆が維持される環境が子どもたちの最善の利益に適《かな》うことが確認されつつあります。言い換えれば、「子どもの権利条約」が象徴的に示す理念の妥当性、世帯を超えるネットワーク家族の効果を、最近の研究結果が裏書きしているのです。

当事者と家族の専門家に知ってほしいこと

ステップファミリーを築こうとしている、あるいはすでに築いている同居親・別居親や継親、その子どもたちは、現代の日本に多数暮らしています。それを応援したいと思っている親族や友人の方々を含めると、個人的にステップファミリーに関わる人は膨大な数に上ります。

一方、家庭裁判所や児童相談所などで家族に関わる専門職（弁護士や調停委員も含みます）、自治体の子ども家庭支援に関わる多様な部署、民間の家族・子ども支援団体、医療や保健の現場で子どもや家族に関わる医師、看護師、家族療法や心理カウンセリングの臨床家など、多数の職種・職場でステップファミリーの支援に関わる経験（可能性）のある人は膨大な数に上るでしょう。そうした読者に向けて、以下に大きく三つのアドバイスを送ります。

①継親について――継親には「親」とは異なる役割がある

第一に、継親は親になろうとしないこと（第一章の結愛ちゃん事件の法廷で被告の継父が語った言葉を思い出してください）。子どもにとって、継親と親とは別の存在です。継父は父親ではないし、継母は母親ではないという「事実」に立脚して家族の関係を築くことが賢明です。しかし、それで自分の価値が貶《おとし》められたと思う必要はありません。継父／継母になることは、親になるよりも難しい挑戦です。親のお手本やガイドは世の中にたくさんあるのに、継親のお手本はなかなか見つかりません。そこに難しさがあります。

その挑戦において大事なことは、いきなり継子との距離を縮めないこと。しつけなどの親役割は同居・別居の両親に任せて、一歩引いてゆるやかに子どもと関わることです。もちろん呼び名もニックネーム、姓や名に「さん／ちゃん」付けなど、継子に自由に決めてもらうのもよいでしょう。継子の抵抗感が少ないものを柔軟に受け入れる心の広さを見せたいです。継父が継子と「仲よくなる」ためにどんな努力をしたかを探ったアメリカの研究があります。[13]

調査の対象となった継父たちは、三つのパターンに分かれました。第一に、一貫して子どもの好きなこと（例えば、野球や映画）につきあって一緒に楽しむことで徐々に友だちのような関係を築いていったタイプ。第二に、結婚前はそのような努力をしたけれど、結婚したら親になったと考えて友人になる努力をしなくなったタイプ。第三に、まったく何もしなかったタイプです。子どもにとってよい効果をもたらすのは第一のタイプです。

大人が子どもと友人になることには違和感があるかもしれませんが、一緒に何かを楽しむ経験から入って、少しずつうち解けて互いを知り、話ができる関係になるのはどんな人との関係発達パターンにも共通します。

そこから先の展開はさまざまです。親密な関係にまではならないことも想定内です。配偶者の親である義父母との関係が実にさまざまであるのと同様です。高すぎる目標を設定しないことが肝要です。互いに最低限の敬意を払い、無視せず、日常のあいさつや会話ができる関係で一緒に暮らせるなら成功です。互いを褒めるべきです。

一方で、継子が同居親や別居親との関係、さらに祖父母などの親族や友人との関係をうまく維持できるように支援しましょう。継子の人生から重要な家族が失われないように支援すれば、継子の継親に対する安心感や信頼感が増すでしょう。

別居の親から継続して支援を受けるのと同時並行で、知識・趣味・お金の面など独自の得意分野で継親の支援を受けられる子どもは、初婚核家族にはない人生の豊かさを手にします。時間はかかるかもしれませんが、心の広い継親に対して継子はいずれ感謝の気持ちを抱くでしょう。それがこのタイプのステップファミリーの子どもに特有の恩恵です。

②同居親について——子どもの家族関係調整役という新しい役割がある

子どもの親は、さらに祖父母など周囲の人も、継親に「新しいお父さん／お母さん」として振る舞うことを期待しないことが重要です。長らく「ひとり親」だったところに「新しいお母さん／お父さん」が登場したことで安心し、子どもの世話やしつけ（叱る役）をすべて継親に任せてしまう親がいます。

しかし、それが継子と継親の双方に大きなストレスをもたらし、追い詰めます。子どもと同居する親は、自分はずっと子どもの親だったことに変わりないので、「新しい親」である継親ががんばってくれさえすればよいと誤解しやすいのです。

実際には、継親（およびその子ども）が一緒に暮らすようになると家族の構造や状況が大きく変化します。したがって、同居の親の役割も当然大きく変わる必要があるのです。親自身は、新たなパートナーとは新婚カップルのハネムーン状態にあり、子どもとはもともと親密な関係にあるので、全員で過ごす時間や空間に違和感がありません。

しかし、少なくとも最初の数年間、子どもは未知の大人である継親や継《けい》きょうだいがいる時間や空間ではリラックスできません。親と継親のカップルが親密に会話や行動を続けていると、子どもはこれまでのように自分の親だけと親密に話したり、楽しんだりできません。子どもが継親や継きょうだいに親を奪われたような喪失感を抱くことは珍しくありませんが、長年の家族の歴史を共有し、なれ合っている親子の内輪の会話には入っていけないと感じるため、継親も疎外感を抱きやすいのです。


新しい家族が「ふつうの家族」らしくなるようにと、全員で過ごす時間（食事や外出）を増やすことは、親の期待に反して、継子と継親にとって気の休まらない、気まずい時間を増やすことになる危険があります。

親との関係が基本的に変わらないと保証してあげることは、子どもの適応にとって重要です。これまで通り、継親抜きで、親子だけで話す時間、何かを楽しむ時間をしっかり確保すれば、子どもが安心感、信頼感を抱きます。一方、子どものいない時間・空間で、新しいカップルが二人だけの関係を深めることも重要です。「ふつうの家族」らしさにとらわれずに、バランスよく、個別に一対一で関係を深めるという方針がステップファミリーには有効です。

この方針に基づいて、親抜きで、継子と継親だけで友だち関係を深める楽しみの機会を作れるように、親が両者を仲介するのもよいでしょう。さらにこの方針は、子どもが別居親と会って過ごす面会交流の時間（できれば宿泊付で養育を分担してもらう時間）をしっかり確保することにもつながります。子どもが別居親とゆっくり過ごしている間に、新たなカップルだけの時間を確保することもできます。

子どもが母親や父親を奪われたと感じないように、あるいは継親が子どもとの距離を詰めすぎないように配慮することは、ステップファミリーの同居親に特有の役割です。同居親は、子どもの別居親、継親、祖父母のいずれとも接点があり、子どもとの関係を橋渡しして促進したり、逆に抑制したりするゲートキーパー的位置にあります。再婚後はこの難しい役割に挑戦する意識を持って、子どもの福祉や感情に敏感に配慮していければ、子どもたちの新しい生活への適応は大いに助けられるでしょう。

③別居親について――子どもを支援する親であり続けたい

第二章で述べたように、アメリカなどとは異なり、日本の制度状況においては、子どもの別居親（親権を失った親）は、非常に弱い立場に置かれています。日本の子どもは、その多くが親の離婚時に、さらにその後も同居親・別居親の再婚時などに、親権を持たない親との交流を失っています。

親権を持つ親の意向で交流が途絶えてしまうケースもあれば、とくに同居親が再婚した場合、別居親は子どもを支援する義務が消失した（新たに親になった継親に入れ替わった）と誤解し、親子間の愛着の感情を無理に断ち切って、みずから子どもとの交流や養育費の支払いを止めてしまうケースもあります。

まずは、両親が離婚後も可能な限り良好な協力関係を維持し、子どもに関わっていくことが子どもたちの福祉にとって重要であることを理解しましょう。それを忘れずに、情緒的にも経済的にも子どもたちの育ちを継続して支援する努力が大切です。

その努力は、別居親だけでなく同居親にも同様に求められるものです。したがって、以下は双方への助言になります。

離婚にあたって、面会交流や養育費の支払いについて、父母間で協議し、合意した事項をできるだけ書面のようなかたちにしておくことは重要です。それに基づき、離婚後の両親と子どもとの関係のどの部分が基本的に変わらないのか（そのために両親がどう努力するつもりか）、居住場所や会える頻度など変わらざるをえない部分は何か、なぜ離婚することになったのかを、子どもの年齢に合わせて、きちんと説明することが大事です。再婚時にも同様に説明し、子どもの気持ちに寄り添うことが大事です。人は曖昧《あいまい》な状況に置かれ続けることでストレスを感じます。第四章の事例などを見ても、同居親と別居親の両方から同じ説明をされることで、状況や今後の見通しの曖昧さを払拭《ふっしょく》できれば、子どもは新しい環境に適応しやすくなると言えるでしょう。

離婚後の父母の関係は、婚姻時や離婚に至るまでのカップル関係とはまったく別の関係になったと胆《きも》に銘じて、子どものために連絡を取り合う努力をしましょう。子どもの健全な育ちのために協力する親同士としてビジネスライクな（個人的感情をはさまない、仕事上の取引相手同士のような）関係を作り上げることが肝要です。

しかし、そのような関係の作り直しは簡単ではありません。最初は専門の第三者による仲介を利用することも有益です。現在は、別居親子の面会交流を支援する民間の団体も増えています（そうした団体の情報については二一八頁を参照してください）。

兵庫県明石《あかし》市のように離婚後家族の支援の先進自治体があります。東京都（福祉保健局）のように、低所得層の家族を対象とした無料の面会交流支援事業を行っている自治体もあります。また、二〇〇一年に設立されたステップファミリー・アソシエーション・オブ・ジャパン（SAJ）のように、研究結果に基づく知識や支援を長年にわたって提供し、当事者の相談事業などを続けているステップファミリー支援団体も頼りになります。

家族のことは家族内でという古い考えを捨てて新しい風を外から呼び込むと、行き詰まった状況が動き出すことがあります。

以上三つのアドバイスは、家族や子どもの専門家（臨床家や実務家）が具体的なケースに接する場合にぜひ頭に入れてほしいことでもあります。子どもを取り囲む大人の家族メンバーに対して、「代替モデル／スクラップ&ビルド型」の古い常識を払拭して、子ども中心の「継続モデル／連鎖・拡張するネットワーク型」へと目を向けることが、子どもにとって、ひいては親や継親にとって、大きなメリットがあることを粘り強く伝えてほしいです。

大人の願望から「子ども最優先」へ——単独親権の強制を止める

しかし、こうした個人の努力を支えるはずの日本の法制度には、いくつもの不備があります。したがって、前節で列挙した助言を当事者だけで実行するのはきわめて難しいのが現状です。第二章で詳しく見てきたように、子どもの権利を保障するという観点からの制度構築が遅れています。そして、子どもの権利条約の理念に沿って二十～三十年かけて制度や慣習を変えてきた他国との間に大きなギャップが生じてしまいました。

そのために日本政府は、国連子どもの権利委員会から勧告を受けたり、ＥＵ欧州議会から一方の親の子どもの連れ去りへの対処を要請されたりしています（第二章参照）。そこで法律などの社会制度をどのように改革すべきかについて、重要な点に絞って提言します。

第一に、離婚後も共同親権の継続が標準的なパターンとなるような法改正を提案します。離婚後の単独親権制の存在が、「離婚→ひとり親家庭→子連れ再婚→ふたり親家庭」という固定観念の基盤となっています。子どもが一つの世帯や戸籍だけに所属するものという明治以来の家族観は、改訂されずに現在まで温存されました。そのために、親権者である両親とつながっていた子どもから親権者の一人を剝奪《はくだつ》しない限りは離婚が成立しない制度が、子どもの権利（条約）にいかに反することか、日本社会では認識が広まりませんでした。

この単独親権制が、親権をめぐる両親の争いを構造的に引き起こすので、協力的な離婚後の父母関係形成が妨げられています。共同親権が離婚後の標準となれば、まずは父母が子どものために対等に協力するための土台ができます。親権を失わずに離婚するために、親の一方が子どもを連れ去るような行為は、無意味かつ不可能になります。日本政府がそれを黙認していると国内外から非難されることもなくなるでしょう。

配偶者のドメスティック・バイオレンスから逃れるためという理由から、単独親権制の存続や子どもの連れ去りを正当化する議論を目にします。しかし、配偶者や親からの暴力・虐待・ハラスメントは、両親が婚姻関係にあるか、離婚したかに関係なく、つねに社会的に許されない行為です。国家は、必要があれば家族に介入し、そうした行為の被害から個人（大人も子どもも）を守る義務があります。離婚制度とは独立して、そのための法制度などをしっかりと整備すべきです。

それを明確にした上でさらに言えば、厚生労働省の二〇一六年「全国ひとり親世帯等調査」に基づく限り、離婚後の母子世帯全体（一、八一七ケース）のうち面会交流をしない理由として「相手に暴力などの問題行動がある」からと回答したのは〇・八％（十四ケース）にすぎません。

ごく少数の人が暴力的な配偶者／親から逃れる必要があるとしても、大多数の子どもの人生に不利な効果をもたらす単独親権を強制しつづけることは不合理です。やはり親の婚姻状況とは切り離して、問題の大きい親からは親権の停止／喪失を裁判所が決定できる制度をきちんと機能させるのと同時に、離婚後の共同親権実現を急ぐべきです。

さらに、子どもの福祉や利益を中心にすえた制度への転換を目指して、親の離婚・再婚後も親子関係の継続を保障する制度が必要です。親権（アメリカでの法的監護）だけでなく、子どもと一緒に暮らしてそのケアを担う義務（アメリカでの身体的監護）を別居親も共有する「共同養育」を促進する法律です。

現在の日本では、離婚後に月に一度だけ、数時間の面会交流でさえ維持できない子どもが大多数です。子どもたちが親子関係を断たれた時間が長引くほど、それを回復するのは困難になります。早急に積極的な対応が望まれます。

法改正の前提として、親が子どもを所有・統制するような印象を与える「親権」という法的概念の名称変更が必要です。さらに言えば、離婚後の家族をあえて「ひとり親家庭」と呼ぶ固定観念的慣習をリセットすべきです。離婚後も子どもが父母両方との関係を失わない社会を目指すべきだとすると、この呼び名はその目標に逆行しています。単に「離婚家族」と呼ぶ方がはるかに中立的です。単独親権制の見直しは、関連する不適切な概念呼称の改正を含まなければなりません。

協議離婚と継親子養子縁組の改革

第二に、「協議離婚」の大がかりな制度改革が必要です。共同親権が可能になっても、それだけで子どもの福祉が保障されるわけではありません。単独親権制と並んで世界的にも珍しい日本の協議離婚が、大きな抜け穴となっているからです。

離婚・再婚後に両親が努力して相互の協力関係を作り、子どもたちに恩恵がもたらされるには、両親がその方向に進むことを促進し、支援する社会のしくみが必要です。自然状態に放置されれば、葛藤を抱えながら離婚する両親の多くは、互いに関わることを避けるか、衝突し続けて、協力関係の構築に進む確率が小さいからです。

面会交流と養育費の支払いについて子どもの利益を最優先して父母が協議すべきだと新たに民法に定められたのに、現状ではそれが実行されたかを確認するすべがありません。実際、二〇一六年「全国ひとり親世帯等調査」では、協議離婚の場合、面会交流の取り決めをしているケースは母子・父子世帯のいずれも二割程度にすぎません。養育費の取り決めも、母子世帯で三八%、父子世帯で一六%に止《とど》まっています。つまり、江戸時代から連綿と続く「離婚は私的な家の問題」とする固定観念が邪魔をしています。

「子ども最優先の離婚」を実現するためには、他の多くの国と同様に、家庭裁判所のような専門機関の関与は不可欠でしょう。専門機関が離婚届提出の窓口となり、離婚（再婚）の際に両親が子どもに配慮すべきこと、共同養育のメリットとその方法論などを学ぶ教育プログラムやカウンセリングの機会を用意します。さらに支援を受けながら父母が子どもの養育について協議書を作成し、その機関が協議書をチェックした上で離婚を認めるのです。

離婚後の親の一人だけに責任を背負わせて、子どもたちの福祉に国家が関心を向けない現在のしくみが大きく変わることになります。子どもたちの権利を守るために、必要な人的・施設的な資源確保に予算投入することはどの条約締結国でも当然です。兵庫県明石市のような先駆的な地方自治体にお任せ状態を脱して、国が責任を持って対応する制度を確立するには、それ相応のコストを覚悟すべきでしょう。

第三に、届出だけで簡単に成立する継親子間養子縁組制度の改革が必要です。共同親権が一般化すれば、当然このような養子縁組は簡単に行えなくなるでしょう。親の離婚・再婚に関係なく親子関係（親権者）は継続するという原則の下では、両親の了解なしに継親子が養子縁組することが難しくなるからです。

例えば、アメリカでは両親と子どもとの法的関係の継続が原則ですが、継親子は同居していても法的には他人に近い姻族関係であるため、継親子関係を法的にどう位置づけるかが課題になっていると言います。その点、日本とは対照的です。

一方、アメリカ同様に親子関係の継続を原則とするカナダやニュージーランドでは、家庭裁判所の判断などによって同居継親にも親権者に相当する地位を与えることができます。またイギリスでは、両親の許可がなくても一定期間同居する継親に三人目の法的親子関係を付与することが可能です。さらにフランスでは、両親が認めれば継親が親権を持つことができます。(10)

このように、「継続モデル／連鎖・拡張するネットワーク型」のステップファミリーへと移行しつつある国々では、子どもの親（的な存在）が三人以上になる選択肢を制度的に用意しています。日本でも、共同親権の導入とともに、三人目以降の親的な存在を追加できる制度の導入が検討課題になるでしょう。その許可を家庭裁判所などが出す場合には、ステップファミリー独自の家族関係形成について学ぶ教育プログラム受講の義務化なども検討対象になるでしょう。

以上の三つの提案以外にも、関連する多くの制度改革が検討されるべきです。例えば、同一戸籍に含まれる人はすべて姓を一致させなければならない現行法は、いまだに実現しない夫婦別姓問題として知られていますが、継父子別姓問題でもあります。改姓を迫られる継子が不登校になるケースは珍しくありません。ステップファミリーを受容する上での日本社会の課題は、教育・保育、医療・保健、社会保障・福祉など多様な分野で枚挙に暇《いとま》がないのですが、このあたりに止めておきます。

ステップファミリーのノーマライゼーション――多様な家族の限界を超えて

子どもが育つ環境としてステップファミリーがうまく機能するにはどうすればよいかを考えてきました。本書の議論を要約しましょう。「ふつうの家族（結婚している父母と子ども）」を目指さず、大人が妥協と努力を重ねて子どもにとって大切な関係を維持できるようにすること、そしてその結果として創られた独自の家族のかたち（三人以上の親的存在が協力し合う世帯を超えたネットワーク）を社会の中でノーマライズしよう、というのが結論です。

「ふつう」ではないステップファミリーを、「ふつう」に受け入れられる社会を創ろうということです。

裏返して言えば、「ふつう」への同化圧力が強すぎる日本では、多様な家族が増えているとよく言われるにもかかわらず、「ひとり親家庭」以外の離婚家族や「ふたり親家庭」以外の再婚家族は暗黙の内に排除されてきたのです。それが子どもたちを抑圧し、大人たちを戸惑わせ、苛立《いらだ》たせてきました。家族の多様性と言っても、結局「ふつうの家族」という枠組の中の多様性、あるいは鋳型《いがた》にはめ込まれた多様性に過ぎなかったのです。

本来、法律は多様な個人の幸福を保障するために機能すべきものです。しかし、いつの間にか多様な家族の事実を隠したり、歪曲《わいきょく》したりして型にはめる方向へと導き、子どもたちにストレスや不利益を背負わせる結果をもたらしています。

多様な人々が根拠の失われた古い家族の法律に合わせて無理をして生きるのではなく、できるだけ事実に立脚して、ゆるやかに家族を創れるように、法律などの制度を改正していくべきではないでしょうか。その際に、より権利が奪われやすい存在（子どもなど）への配慮を最大限取り入れること、それがいわゆる「家族の多様化」の先に求められていることです。

繰り返しになりますが、もっとも重要なのは子どもの目線で考えてみることです。

制度やその前提となる常識を転換しようと主張する本書によって、これまでの制度と常識を前提として子育てに努力してきた親・継親、その支援者の方々が、その努力の価値を否定されたかのように感じるかもしれません。しかし、本書の意図は、特定の個人の行為を批判することではないことをここで明確にしたいと思います。

「代替モデル／スクラップ＆ビルド型」と呼ぶ、従来型の離婚・再婚家族が支配的なこれまでの社会状況には、「ひとり親」として、あるいは「新しいお父さん／お母さん」として努力すること以外の選択肢が事実上ありませんでした。

私たちのインタビューにご協力くださった多くの継親や同居親の方々は、何の指針も手がかりもない状況で孤独に苦悩し、試行錯誤しながら最善の努力を重ねていました。時代的・社会的制約の中で努力と労苦を経験した方々に対して、大きな敬意を抱きます。

本書では、第一章の事件の分析から一貫して、個人を責めても問題は解決しないことを強調してきました。むしろかつての親・継親世代が経験したことから学び、それを検討した結果として得た知識や知恵を社会に、次の世代の育ちのために、還元することが本書の目的です。

気づかれにくい子どもたちの経験、大人たちの経験をさらに可視化し、社会が共有することで、家族全体のストレスを減らし、喜びを増やす社会のしくみが実現できると考えています。その際には、最新の研究成果が社会制度の改善にしっかり結びつけられる社会であるべきです。

性的マイノリティの家族、国境をまたいで移動する家族、里親子を含む家族、養子縁組家族、ＡＩＤなど生殖補助医療で生まれた子どものいる家族など、[14] いわゆる「ふつうの家族」を前提とした社会制度や常識のために苦しい闘いを強いられている家族状況は、ステップファミリー以外にもさまざまに想定できます。

本書が、まだ見えにくい多様さの中にある子どもや大人の経験に光があたり、社会の制度を変えていくきっかけとなることを期待しています。

【第五章註】

（1）ヴィッシャー、エミリー・ヴィッシャー、ジョン（高橋朋子訳）『ステップファミリー——幸せな再婚家族になるために』ＷＡＶＥ出版、二〇〇一年（Visher, Emily and Visher, John, *How to Win as a Stepfamily,* 2nd ed., Brunner/Mazel, 1991）。
Ganong, Lawrence, and Coleman, Marilyn, *Stepfamily Relationships: Development, Dynamics, and Interventions*, 2nd ed., Springer, 2017.

(2) 稲葉昭英「ひとり親世帯と子どもの進学期待・学習状況」内閣府子ども若者・子育て施策総合推進室編『親と子の生活意識に関する調査報告書』二〇一二年、一九一〜一九八頁。
余田翔平「家族構造と中学生の教育期待」『社会学年報』四三号、二〇一四年、一三一〜一四二頁。
(3) 稲葉昭英「親との死別/離婚・再婚と子どもの教育達成」稲葉昭英・保田時男編『階層・ネットワーク――第3回家族についての全国調査(NFRJ08)第2次報告書 第4巻』日本家族社会学会 全国家族調査委員会、二〇一一年、一三一〜一五八頁。
稲葉昭英「離婚と子ども」稲葉昭英・保田時男・田渕六郎・田中重人編『日本の家族1999-2009』東京大学出版会、二〇一六年、一二九〜一四四頁。

余田翔平、「子ども期の家族構造と教育達成格差――二人親世帯/母子世帯/父子世帯の比較」『家族社会学研究』二四巻一号、二〇一二年、六〇〜七一頁。
(4) 稲葉昭英「親との死別/離婚・再婚と子どもの教育達成」稲葉昭英・保田時男編『階層・ネットワーク――第3回家族についての全国調査(NFRJ08)第2次報告書 第4巻』日本家族社会学会 全国家族調査委員会、二〇一一年、一三一〜一五八頁。
稲葉昭英「離婚と子ども」稲葉昭英・保田時男・田渕六郎・田中重人編『日本の家族1999-2009』東京大学出版会、二〇一六年、一二九〜一四四頁。
(5) 青木聡「面会交流の有無と自己肯定感/親和不全の関連について」『大正大学カウンセリング研究所紀要』三四号、二〇一一年、五〜一七頁。
(6) 野口康彦・青木聡・小田切紀子「離婚後の親子関係および面会交流が子どもの適応に及ぼす影響」『家族

療法研究』三三巻三号、二〇一六年、八三～八九頁。

（7）直原康光・安藤智子「別居・離婚後の父母葛藤・父母協力と子どもの心理的苦痛、適応等との関連—児童期から思春期に親の別居・離婚を経験した者を対象とした回顧研究」『発達心理学研究』三一巻一号、二〇二〇年、一二～二五頁。

（8）Nielsen, Linda, "Joint Versus Sole Physical Custody: Children's Outcomes Independent of Parent-Child Relationships, Income, and Conflict in 60 Studies," *Journal of Divorce & Remarriage*, 59 (4), 2018, pp.247-281.

（9）Parkinson, Patrick, *Family Law and the Indissolubility of Parenthood*, Cambridge University Press, 2011.

（10）Stewart, Susan, and Timothy, Elcy, "Stepfamily Policies and Laws in the United States: Lessons from the West," *Journal of Family Issues*, 41 (7), 2020, pp.891-912.

（11）アーロンズ、コンスタンス（寺西のぶ子監訳）、『離婚は家族を壊すか—20年後の子どもたちの証言』バベルプレス、二〇〇六年（Ahrons, Constance, *We're Still Family: What Grown Children Have to Say About Their Parents' Divorce*, HarperCollins, 2004.）

（12）King, Valarie, "The Antecedents and Consequences of Adolescents' Relationships With Stepfathers and Nonresident Fathers," *Journal of Marriage and Family*, 68 (4), 2006, pp.910-928.

（13）Ganong, Lawrence, Coleman, Marilyn, Fine, Mark, and Martin, Patricia, "Stepparents' Affinity-Seeking and Affinity-Maintaining Strategies With Stepchildren," *Journal of Family Issues*, 20 (3), 1999, pp.299-327.

（14）小野春『母ふたりで〝かぞく〟はじめました。』講談社、二〇二〇年。

大塚玲子『ルポ　定形外家族―わたしの家は「ふつう」じゃない』ＳＢ新書、二〇二〇年。

おわりに

本書『ステップファミリー』は、副題のとおり、親の離婚と再婚を子どもの視点から問い直し、見えにくい子どもたちの経験にもっと社会の目が向けられるようにと書かれたものです。離婚や再婚、そしてステップファミリーをタイトルに掲げた書籍は複数刊行されていますが、このような家族の変化を子どもがどのように受けとめているのかに焦点をあてているものは他にありません。

私たちは二十年にわたって日本のステップファミリー研究を進めてきましたが、「子どもから見た離婚・再婚」の大部分は、二〇一二〜二〇一三年に行ったステップファミリーで育った若者たちへのインタビュー調査（若年成人継子調査）にもとづいています。

三章で紹介した沙織さんは、離婚後に離れて暮らす実父と交流が続いていて、次の誕生日に会いに来ると手紙があったのに、とつぜん連絡が途絶えました。一年後の誕生日まで待ち続けても連絡はなく、そこで実母に尋ねると、再婚を機に実父には「もう来るな」と伝えていたと知ります。「またこの人が勝手に決めたのか」と怒りをおぼえますが、何も言い返せませんでした。実母はその様子を見て、継父を新しいパパとして迎えることに納得していると思っただろうと言っていました。

また、二十代の別の女性は、中学生のときに、再婚したばかりの実母と継父と三人で遊園地に出かけたときのことを次のように語っていました。仲良く楽しそうに、並んで先を歩いていく実母と継父の後ろをひとり追いかけながら、「このまま私、いなくなっても気づかないかな……」と考えていたと。

離婚と再婚は、現状では、子どもにとって喪失の繰り返しになりやすいのだと気づかされます。離婚して「ひとり親家庭」になると、別居親との関係が失われてしまう。同居親が再婚して、継親という「新しいパパ／ママ」がやってくると、別居親の喪失は決定的になり、同居親から自分への関心（愛情）も失われたと感じます。親にもきょうだいにも、本心を打ち明けられず、度重なる喪失経験をただ無力に受け入れざるを得ないケースが多いのです。

なぜ、子どもたちの気持ちが見過ごされてしまうのか。離婚・再婚後の家族を、初婚と同じような「ふたり親家庭」と見なしてしまう「常識」があるからです。大人側がこの常識にそって、子どもから両親のうちの一方を切り離し、継親が新しい親になり代わろうとするのが正しいと思い込んでしまうと、子どもの気持ちが見えなくなってしまいます。そのことを本書では繰り返し指摘してきました。

この常識化した離婚・再婚観の罠《わな》へと誘導しているのが、離婚後はひとりの親しか親権をもてない単独親権制と、当事者の合意だけで成立する協議離婚制です。現行の日本の法制度にある重大な欠点に目を向け、世界のトレンドから大きく立ち遅れているという事実を、まず知る必要があります。

そのうえで、親の離婚・再婚後も親子が交流を持ち続け、再婚後に家族に加わる継親や継/異父母きょうだいとは独自の関係を築いていく、「ステップファミリー」という新しい離婚・再婚観を本書では提案しています。夫婦の離婚は親子の別れではありません。継親は「新しい親」ではありません。この事実にそった新しい離婚・再婚観を支える法制度が、共同親権制と面会交流です。

年間二十一万人の子どもたちが両親の離婚を経験している現在、明治時代から変わらずに受け継がれてきた離婚制度を、子どもの視点から冷静に問い直すことができるのか。親とは独立した個別の想いや考えを子ども自身が表明する権利、そして親から適切なケアを受ける権利を保障できるような法制度を、日本社会は本当に構築できるのか。本書はこうした疑問を乗り越えて前進するための論拠を提示しています。

本書の執筆も最終盤となった二〇二〇年十一月、中学生の子どもを含む原告が、離別後の親子の面会交流が認められないのは、日本国憲法が保障する基本的人権の侵害であるとして、国を相手に損害賠償を請求したと報道されました（『朝日新聞』二〇二〇年十一月十二日付「離婚後の面会求め、子らも提訴　親との交流制度『国会が立法義務負うべき』」）。子どもの立場から日本の司法に対して、国連で採択された「子どもの権利」を訴える初めてのケースです。離別後の親子の面会交流に対して、別居親だけでなく、子どもからも声があがるようになってきました。変革の兆しが見えつつあるなか、この裁判が（子どもたちの声が）社会にどのように受けとめられ、どのような判決が下されるのか、関心をもって注視しています。

本書は共著というかたちで、二十年にわたる共同研究の成果を、できるだけわかりやすく多くの方へ届けたいという想いで書きあげました。一、二、五章を野沢、三、四章を菊地が担当しました。各章の原稿についてはお互いに何度も議論を重ね、そのたびに推敲し、完成に至っています。本書が掲げている、「ステップファミリー」という用語の浸透と、この独自の家族のノーマライゼーションに、一石を投じることができたら、これほどうれしいことはありません。より多くの、多様な立場にいる人たちのもとへ届くことを願っています。

最後に、二十年にわたるこれまでのステップファミリー研究を支えてくださった方々に、感謝申しあげます。すべての方のお名前を記すことはできませんが、SAJ現代表の緒倉《おぐら》珠巳《たまみ》さんはじめ歴代の代表とスタッフの皆様、私たちの調査にご協力いただきました当事者の皆様、研究会および学会活動でご一緒してきた研究者および実務家の皆様、そして、ステップファミリー研究への最初の扉をひらいてくれたSAA最後の代表であるマージョリー・エンゲルさんに、心よりお礼申しあげます。

ただし、本書の内容については、ひとえに著者の二人が責任を負うものであることをお断りしておきます。

そして、オンラインで何度も徹底討論して、本書の完成まで熱意をもって的確に導いてくれた、KADOKAWA学芸ノンフィクション編集部の小川和久《おがわかずひさ》さんに感謝申しあげます。

二〇二〇年十一月二〇日

野沢《のざわ》慎司《しんじ》
菊地《きくち》真理《まり》

■ステップファミリーを知るためのガイド

A．役立つ本

①SAJ・野沢慎司編（緒倉珠巳・野沢慎司・菊地真理著）『ステップファミリーのきほんをまなぶ──離婚・再婚と子どもたち』金剛出版、二〇一八年

本書を読んで、ステップファミリーの家族関係をどのように作っていけばよいのか、ステップファミリーをどのように支援していったらよいのか、その具体的な手がかりがほしくなった読者に最適のテキスト。海外の専門家からの情報や国内の研究成果に基づき、二十年にわたって支援活動を展開してきた支援団体SAJが提供する多様な教材とヒント集。マンガによる事例の解説など、わかりやすさに定評があります。

②パトリシア・ペーパーナウ（中村伸一・大西真美監訳）『ステップファミリーをいかに生き、育むか──うまくいくこと、いかないこと』金剛出版、二〇一五年

アメリカで長年にわたりステップファミリーの臨床経験を持つ著名なファミリーセラピストによる臨床家向けのテキスト。それを日本の第一線の臨床家が翻訳しました。臨床の場面で、ステップファミリーの構造的、発達的な独自性を視野に入れないと、その支援は不可能であることを具体的にわからせてくれます。同時に、ステップファミリーに限らず、一般的に役に立つ対人関係スキルについての情報も豊富です。原著は、Patricia L. Papernow, ***Surviving and Thriving in Stepfamily Relationships: What Works and What Doesn't***, Routledge, 2013です。

B．関連する団体とウェブサイト

①SAJ（ステップファミリー・アソシエーション・オブ・ジャパン）

二〇〇一年にアメリカの支援団体SAAをモデルに設立された、日本初のステップファミリー支援団体。専門家と連携をはかって、研究知見を取り入れながらステップファミリー内の特定の立場に偏らずに支援してきた点に特徴があります。また、社会に対してステップファミリーの独自性理解を発信、地域グループ単位での当事者支援活動、個別の電話相談など多様な活動を展開してきました。そのウェブサイトには、これまで開催された国際セミナー／シンポジウムの報告書、リーフレット『ステップファミリーを育むための基本知識』、オンラインで手軽に学べる「ステップファミリーのきほんをまなぶオンラインプログラム」など、無料で利用できる有用な情報源が豊富に提供されています。
ウェブサイト https://saj-stepfamily.org/

②日本離婚・再婚家族と子ども研究学会
離婚・再婚家族への適切な支援のあり方、とくに子どもの利益の尊重と福祉の増進を目指して二〇一八年四月に設立された新しい学会。心理学、社会学、法学、教育学、社会福祉学、医学など多分野の研究者、実務・実践に携わる者など、異なる領域の専門家の協働によってこのテーマへの理解を深めていく点に特徴があります。ステップファミリーもこの学会の関心の一つです。一般向けの講演会なども開催しています。
ウェブサイト https://jarcds.org/

＊本書の著者の一人、野沢が許諾を得て翻訳した、シンガポール政府制作の絵本『お父さんお母さんへ　ぼくをいやな気もちにさせないでください　離婚した両親への手紙』がこの学

会のウェブページ上で公開されており、無料で読めます。離婚する親が子どもたちの気持ちに気づくために、一読の価値がある優れた作品です。https://jarcds.org/hon/

③面会交流支援全国協会

本書で提案した「継続モデル／連鎖・拡張するネットワーク型」の離婚・再婚後の家族を目指すためには、離婚後の親子の絆《きずな》、その交流をどのように支援していくかがきわめて重要な課題になっています。そして、多くの面会交流支援団体が全国各地で活動を展開しています。「その支援の公益性を示すためには、支援団体の適正を示す一定の基準や支援の質の確保」が不可欠という認識に立って、面会交流支援のモデル、支援内容や手続き、習得すべき諸基準の構築、研修プログラムの提供に向けた活動の受け皿として設立された団体。支援団体の認証制度の構築を目指しています。

ウェブサイト https://accsjapan.com/

④面会交流 .com

全国の面会交流支援団体を紹介するウェブサイト。マップを使って、近くにある支援団体を探すことができます。

ウェブサイト https://parentingtime.jp/index.html

C. おすすめのステップファミリー映画

①「幼な子われらに生まれ」（三島《みしま》有紀子《ゆきこ》監督／二〇一七年製作／日本）

原作は重松清《しげまつきよし》の同名小説（角川書店、一九九六年／幻冬舎文庫、一九九九年）。それぞれ以前の結婚で子どもがいた男女が再婚してできたステップファミリーの内側をリアルに描いています。浅野《あさの》忠信《ただのぶ》演じる主人公の夫は、別居する娘と定期的に面会交流していると同時に、同居する同年代の継娘《ままむすめ》にも「父親」として接しています。ところが、思春期にさしかかった継娘が「家族」に対する違和感を口にし、ずっと会っていなかった父親に会いたいと言い出します。いわば本書で論じたステップファミリーの二つの家族モデルが一つの家族の中で衝突を起こすのです。子どもたちの抵抗感と大人たちの困惑を妥協せずに描き出していて、どこに出口があるのか、深く考えさせられる作品です。

②「グッドナイト・ムーン」（クリス・コロンバス監督／一九九八年製作／アメリカ）

原題は、*Stepmom*。そのものずばり「継母」になる過程をテーマにした作品。ジュリア・ロバーツ演じる若い写真家が、子ども二人の父親である離婚男性と結婚することでこの子どもたちの継母になります。子どもたちと暮らす母親は病気で余命が限られているという状況です。子どもたち（思春期の女の子と幼い男の子）の反応はそれぞれ違っていて、女の子は拒否的です。柔軟で多様なアプローチで少しずつ継娘との関係、継子たちの母親との関係を築いていく過程を描いています。主人公は、戸惑いながら前に進むのですが、母親になり代わらないというスタンスが一貫していて参考になります。

図表制作　本島一宏

本書は書き下ろしです。

野沢慎司（のざわ・しんじ）
1959年生まれ、茨城県水戸市出身。1989年、東京都立大学大学院社会科学研究科博士課程単位取得満期退学。社会学修士。専門は家族社会学、社会的ネットワーク論。明治学院大学社会学部教授。2001年より菊地真理らと協働して日本のステップファミリー研究を牽引。その間、フロリダ州立大学・オークランド大学で客員研究員。支援団体SAJと協力して一連の国際会議を開催する。単著に『ネットワーク論に何ができるか　「家族・コミュニティ問題」を解く』、共著に『ステップファミリーのきほんをまなぶ　離婚・再婚と子どもたち』などがある。

菊地真理（きくち・まり）
1978年生まれ、栃木県宇都宮市出身。2009年、奈良女子大学大学院人間文化研究科博士後期課程修了。博士（学術）。専門は家族社会学、家族関係学。大阪産業大学経済学部教授。2001年よりステップファミリー研究および当事者支援団体SAJでの活動を始める。共著に『ステップファミリーのきほんをまなぶ　離婚・再婚と子どもたち』『現代家族を読み解く12章』などがある。

ステップファミリー

子《こ》どもから見《み》た離婚《りこん》・再婚《さいこん》

野沢慎司《のざわしんじ》　菊地真理《きくちまり》

2021年1月10日　初版発行
2024年11月5日　再版発行

◆◇◇

発行者　山下直久
発　行　株式会社KADOKAWA
〒102-8177　東京都千代田区富士見2-13-3
電話　0570-002-301（ナビダイヤル）

装丁者　緒方修一（ラーフイン・ワークショップ）
ロゴデザイン　good design company
オビデザイン　Zapp!　白金正之
印刷所　株式会社KADOKAWA
製本所　株式会社KADOKAWA

角川新書

ISBN978-4-04-082367-6 C0236